TAPAS *meet* MEZZE

65 köstliche Kleinigkeiten

Vorwort

Ich liebe es, wenn der Tisch voller kleiner Köstlichkeiten steht und man sich von jedem etwas nehmen kann. Seien es Aufstriche, Salate, Suppen, Schalen mit Oliven, Käsewürfeln oder Brot. Diese Art des Essens und Genießens schafft in mir ein richtiges Wohlgefühl, man kommt zusammen, plaudert und nimmt sich hier und da eine Kleinigkeit. Die Tapas-Küche Spaniens bietet zahlreiche solcher würzigen und feurigen Gerichte. Es ist auch ein Stück Lebensgefühl, das zusammen mit den Speisen serviert wird. Die Tapas-Tradition lebt davon, dass man in großer Runde zusammenkommt und genießt.

Diese Geselligkeit und ein wahres Händchen für genussvoll gedeckte Tafeln sind auch mit der Küche des Orients verbunden. Mezze, also all die orientalischen Speisen der Levante-Küche, sind aromatisch, leicht und unkompliziert und haben schon längst unsere Herzen erobert. Was liegt näher, als spanische Tapas mit Mezze-Köstlichkeiten zu vereinen? Das Beste aus beiden Küchen auf einem Tisch. Warum das so gut funktioniert? Weil das Lebensgefühl und der Grund des Speisens sich so ähnlich sind. In beiden Kulturen geht es nicht ums Sattwerden, sondern ums Gemeinsam-Genießen und ums Zusammensein.

Ein Hoch auf genussvolles Speisen in geselliger Runde!

Susann Kreihe

Inhalt

Die Liebe zum Essen – warum sich Tapas, Mezze und Mezedes so ähnlich sind

Tapas

Sprechen wir erst einmal über Tapas, diese kleinen warmen oder kalten spanischen Köstlichkeiten, die ihren Ursprung in den Bars der quirligen Städte haben. Ganz ursprünglich wurde eine Scheibe Schinken, Salami oder Brot zum Getränk gereicht, um es abdecken zu können und vor Fliegen zu schützen. Davon leitet sich auch der Name »Tapas« ab, denn das spanische Wort »tapar« bedeutet »abdecken«. Aus dieser eher praktischen Idee hat sich ein weltweiter Trend entwickelt. Auf Tellerchen servieren die Spanier heute allerlei Köstlichkeiten, traditionelle Gerichte und moderne Interpretationen. Neben dem Abdecken der Speisen hatten (und haben) die Tapas einen weiteren Vorteil – Alkohol und Essen halten sich die Waage, denn die Abende können in Spanien lang werden.

Neben dem gemütlichen Ausgehen hat das gesellige Zubereiten und Genießen in den Familien in Spanien einen hohen Stellenwert. Man kommt zusammen, redet, lacht und speist. Der Tisch wird mit zahlreichen köstlich gefüllten kleinen Schalen gedeckt – jeder nimmt sich, was ihm schmeckt. Da darf ein gutes Glas Wein oder Sherry natürlich nicht fehlen. Hierbei steht nicht im Vordergrund, satt zu werden (das wird man mit der Zeit von selbst) – nein, es geht darum, das Zusammensein miteinander zu genießen. Vielleicht einer der Gründe, warum sich der Tapas-Trend inzwischen so weit verbreitet hat.

Dazu sei erwähnt, die eine richtige Tapa gibt es nicht. Regional sind ganz traditionelle Zubereitungen verwurzelt, denke man an die andalusische Gazpacho oder das würzige Pisto manchego aus der Region La Mancha. So kommen die regional angebauten Gemüsesorten und Kräuter, Fisch, Meeresfrüchte, Fleisch, Gewürze und Spezialitäten der jeweiligen Gegend auf den Herd und Tisch. Jede Köchin und jeder Koch haben dann noch ihre ganz eigenen Familienrezepte – übrigens jeweils das Beste! Und so kann man in Spanien sehr traditionelle Tapas genießen und sich von Fusion-Ideen überraschen lassen. Die Gelegenheit, einmal in einer spanischen Familie zu speisen, sollte man sich natürlich nicht entgehen lassen.

Mezze

Diese ganz besondere Art des Genießens kennen und lieben auch die Menschen in der Levante. Gemeint ist die Region rund um die östliche Mittelmeerküste. Neben der griechischen Halbinsel und den dazugehörigen Inseln der Ägäis sowie Zypern und der Türkei gehören zu dieser kulinarischen Linie auch Libanon, Syrien, Jordanien, Israel und Palästina. Die Mezze-Kultur wird sowohl in Restaurants als auch zu Hause in großer Runde zelebriert. Je nach Region und Jahreszeit kommen heimische Zutaten, Gewürze und die typisch orientalischen Aromen zum Einsatz. Im Sommer sind das vor allem leichte Gemüse- und Salatvariationen, im Winter deftige Fleischgerichte, Hülsen- und Trockenfrüchte, kombiniert mit intensiven Gewürzen. Am Meer genießt man die Fänge des Tages, im Landesinneren findet man vielfach Fleischgerichte. Die Küche der Levante bietet einen reichen

Fundus an Gemüsegerichten, allesamt so lecker und doch meist einfach in der Zubereitung. Eine Mezze-Tafel ohne Auberginen, Granatäpfel, Kichererbsen, Koriander, Petersilie oder Pistazien ist fast nicht vorstellbar.

Die Küche des Orients fasziniert mich schon lange, weil augenscheinlich sehr einfache und bodenständige Gerichte mit den Aromen und Gewürzen der Levante eine wunderbare Geschmacksvielfalt erzeugen. Ich denke an ein Kartoffelpüree mit geröstetem Knoblauch, gehacktem Koriander, Sesam und etwas frisch gepresstem Zitronensaft. Eine Welt des Genusses, die glücklicherweise seit einigen Jahren auch unser Kochen und Genießen durch zahlreiche Kochbücher und in neu eröffneten Restaurants bereichert. Auch türkische Spezialitäten wie Börek, Köfte, Bulgursalat oder Feta, dazu eine überwältigende Auswahl an Fladenbroten dürfen in dieser Aufzählung nicht fehlen, haben sie doch ihren festen Platz in der orientalischen Vielfalt.

Eines haben die kleinen Speisen aus beiden Kulturkreisen gemein: Sie werden vorzugsweise mit bodenständigen Zutaten zubereitet, landestypisch gegart und gewürzt. Ob Tapas oder Mezze, es geht hierbei nicht ums Sattwerden, es steht immer die Geselligkeit, das Zusammensein, Plaudern, Genießen und der Austausch (auch über die beste Zubereitung) im Fokus. Ein Sharing-Table im besten Sinne! Spannende Fusion-Gerichte vereinen das Beste der beiden Kulturen.

Im »When Tapas meet Mezze«–Kapitel finden Sie überraschende Kombinationen aus den Ländern der Tapas- und Mezze-Kultur. Mal in neuen Zutaten-Kombinationen, mal mit überraschenden Gewürzen und Aromenspielen. Bereiten Sie doch eine klassische spanische Tortilla zu und als Pendant die Variante mit Artischocken, Spinat, Pinienkernen und Sumach-Zwiebeln von Seiten 105.

In guter Gesellschaft – wie man einen perfekten Tapas- und Mezze-Abend plant

Nicht zum Sattwerden, sondern, um zusammen zu sein, wird um Tapas- und Mezze-Tafeln Platz genommen. Also einfach Freunde, Familie, Nachbarn einladen und einen großen Tisch voller orientalischer und mediterraner Köstlichkeiten decken. Damit das entspannt und ohne Stress abläuft, hier einige Tipps:

Sommer vs. Winter

Tapas schmecken nicht nur im Sommer, auch wenn man das spanische oder orientalische Lebensgefühl mit dem (Sommer-)Urlaub in Verbindung bringt, sondern auch im Winter. Die Auswahl der Speisen wird einfach der Jahreszeit angepasst. Im Sommer stehen leichte, vegetarische Gerichte mit viel Gemüse und kalte Suppen auf dem Tisch. Im Winter können Fleischgerichte, Gebackenes und Frittiertes, gehaltvolle Dips und würzige, sättigende Salate gereicht werden.

Basics

Was für mich immer dazugehört? Ein hochwertiges Olivenöl, Meersalzflocken und Baguette oder Fladenbrot. Brot kann man selber backen oder kaufen. Falls Sie in der Nähe einen türkischen oder orientalischen Supermarkt finden, die Brotauswahl dort ist umwerfend. Diese drei »Grundzutaten« – Öl, Salz, Brot – sollten Sie unbedingt zum Essen, aber auch gerne schon vorab reichen. Einige Schälchen mit verschiedenen Oliven, gesalzenen Pistazien und Sonnenblumenkernen, eingelegtem Gemüse oder Trockenfrüchten sind schnell hergerichtet und bereichern die Tafel. Aufgeschnittener Käse und Würste aus Spanien oder der Türkei zählen ebenso zu den »Blitz-Tapas«.

Geschirr

Eine Extraausstattung braucht es nicht. Kleine Schalen, Teller oder Holzbretter – alles, was im Schrank vorhanden ist, kann zum Anrichten verwendet werden. Es müssen keine besonderen Tapas-Schälchen angeschafft werden – auch wenn diese das Tüpfelchen auf dem i sind. Für ein schönes Ambiente sorgen einzelne Blüten, Olivenzweige, hübsche Pikser oder Holzspießchen, genauso wie bunte Tischdecken oder ebensolche Servietten. Landestypische Muster schaffen ein authentisches Gefühl.

Getränke

Aus spanischer Sicht gehört natürlich ein Glas Wein, egal ob weiß oder rot, am besten beides, auf den Tisch. Auch ein Sherry schafft einen guten Bezug, dann lohnt es sich auch gleich die Champignones al Jerez (siehe Seite 30) zuzubereiten. Im Orient serviert man Arak, eine Anisspirituose, reicht dazu Wasser zum Verdünnen und Eiswürfel. Der Anisschnaps lässt sich mit Säften, zum Beispiel von einer Grapefruit, Orange oder Limette, zu erfrischenden Drinks mischen.

Wahl der Tapas

Egal ob Tapas, Mezze oder einer Mischung aus beidem, das bleibt Ihnen überlassen. Die Gerichte aus den verschiedenen Kulturkreisen ergänzen sich ideal, bei der Auswahl kann man nichts falsch machen. Da von Natur aus zahlreiche vegetarische Zubereitungen dabei sind, findet auch jeder Gast das Passende. Entspannt für den Gastgeber wird es, wenn sowohl vorbereitete und gut durchgezogene Tapas als auch frisch zubereitete Salate oder zum Beispiel knusprig frittierte Bällchen, wie Croquetas de jamón (siehe Seite 42) oder den Kibbeh fusion (siehe Seite 132) auf den Tisch kommen.

Menge

Rechnen Sie pro Person mit 3–4 Portionen, zudem Brot und 1–2 Aufstriche. Der Großteil der Rezepte ist für 6–8 kleine Tapas oder Mezze ausgelegt, daran können Sie sich orientieren. Heißt: Laden Sie beispielsweise 6 Gäste ein, sind 3–4 verschiedene Tapas bzw. Mezze eine gute Wahl. 1–2 Aufstriche und ausreichend Baguette und/oder Fladenbrot. Wer mag, kann danach noch ein Dessert servieren. Mehrere verschiedene Desserts machen dann Sinn, wenn die Gästeanzahl deutlich größer ist. Beim Nachtisch empfehle ich eher auf kleine Portionsschalen zurückzugreifen. Auch bei einer Tapas-Tafel kann man sich leicht »überfressen«. Aber ein kleiner Nachtisch passt ja bekanntlich immer, oder?

Zutaten – kurz erklärt

Jede Küche lebt durch ihre ganz eigenen Zutaten. Für Spanien und den Orient stelle ich Ihnen hier die wichtigsten Produkte zusammen, die hier im Buch einen Platz gefunden haben.

ARAK

Ein klarer, ungesüßter Schnaps mit intensivem Anisaroma, der aus destillierten Trauben hergestellt wird. Traditionell reicht man ihn mit Wasser und Eiswürfeln, um ihn nach Geschmack zu verdünnen. So entsteht auch die weißliche Trübung. In vielen Bars Syriens, Israels oder des Libanons hat die Cocktailszene Arak zum Trendgetränk gemacht.

BERBERITZEN

Auch unter dem Namen Barberry bekannt, sind die kernlosen kleinen Beeren als Trockenfrüchte zu bekommen. Mit einer feinen säuerlichen, fruchtig-frischen Note passen sie zu süßen und herzhaften Gerichten.

BULGUR

Die aus Hartweizen hergestellte Beilage gibt es in verschiedenen Körnungen. Bulgur ist immer vorgedämpft, daher die kurzen Zubereitungszeiten. Feiner Bulgur ist auch unter der Bezeichnung Weizengrütze zu finden. Je nach Zubereitungsart werden die Getreidekörner zum Quellen in Wasser eingeweicht, gedämpft oder gekocht.

CAROB

Die getrockneten und gemahlenen Schoten des Johannisbrotbaums liefern einen dezent herben, natürlich süßen und leicht malzigen Geschmack. Carob kann wie Kakao verwendet werden.

CHORIZO, SUCUK UND CO.

Wurstspezialitäten aus Spanien oder dem östlichen Mittelmeerraum sind meist sehr würzig und diese Sorten werden mit Paprika verfeinert. Chorizo ist einer der bekanntesten Vertreter der spanischen Küche, in der Türkei ist Sucuk bekannt und beliebt.

DATTELN

Bei uns meist getrocknet erhältlich, bekommt man Datteln in unterschiedlicher Qualität. Die kleinen Exemplare sind deutlich süßer und etwas fester als die größeren, saftig-weichen Medjool-Datteln. Sie sind teurer, bestechen aber durch ihre feine Honignote.

FAVA

Gemeint sind gelbe Erbsen aus Griechenland, mit denen der gleichnamige, landestypische Aufstrich zubereitet wird. Geschmacklich eher mild, aber mit dem bekannten Erbsenaroma. Sie sind geschält und halbiert erhältlich, damit entfällt eine lange Einweichzeit, 3–4 Stunden in heißem Wasser sind ausreichend.

FILOTEIG

Dünne Strudelteigblätter auf der Rolle, rechteckige oder dreieckige Blätter, die gefüllt für besonders knusprige Gebäcke in der orientalischen Küche verwendet werden – sowohl mit herzhaften als auch süßen Füllungen.

GEWÜRZE

Die Levante-Küche lebt von einer unvergleichlichen Gewürzvielfalt und wirklich ausgewogenen Gewürzmischungen. Um den authentischen Geschmack dieser Gerichte zu erzielen, empfiehlt sich ein Vorrat an den verwendeten Gewürzen und Gewürzmischungen, die ich in den Gerichten aufgeführt habe.

GRANATAPFELSIRUP, -MELASSE

Granatapfelsirup ist schlicht der eingekochte Granatapfelsaft, schön säuerlich, mit fruchteigener Süße und ohne Zusätze. Granatapfelmelasse hingegen ist mit Zucker, Wasser und meist einem Farbstoff versetzter, dick eingekochter Granatapfelsaft.

HARISSA

Ursprünglich aus Nordafrika stammend hat die scharfe Chilimischung ihren Weg in die Küche des Nahen Ostens gefunden. Sowohl als Würzpaste als auch als trockene Gewürzmischung punktet sie mit einer fruchtig-scharfen Note und enthält meist auch Knoblauch und Kreuzkümmel.

JOGHURT, GRIECHISCH, TÜRKISCH

Hier sei besonders der stichfeste Joghurt mit 10 % Fettgehalt erwähnt, mein absoluter Favorit in der Tapas- und Mezze-Küche, ideal für alle Zubereitungen von Dips und Aufstrichen. Natürlich kommt man daran nicht vorbei, wenn man Labneh zubereiten will.

KICHERERBSEN, GETROCKNET, VORGEGART, FEIN GEMAHLEN

Sie sind er Inbegriff der Levante-Küche. Getrocknet und eingeweicht für Falafel, vorgekocht zu Hummus verarbeitet oder zu Mehl vermahlen (wie für die Kichererbsen-Churros von Seite 100) – so zeigt die Hülsenfrucht ihre Vielfältigkeit.

KNOBLAUCH

Kaum ein Gericht, weder von den mediterranen noch den orientalischen, kommt ohne Knoblauch aus. Ich finde ihn köstlich und es fehlt den Gerichten etwas, wenn man ihn weglässt. Wer Knoblauch nicht verträgt, lässt ihn dennoch (schweren Herzens) einfach raus.

KORIANDER, PETERSILIE, DILL, MINZE

Frische Kräuter spielen für Tapas- und Mezze eine große Rolle, diese vier dürfen auf keinen Fall fehlen. Je nachdem, wo man einkauft, ist die Größe der Bunde sehr unterschiedlich. Ein Bund Petersilie vom türkischen Gemüsestand umfasst ein Vielfaches dessen, was man im herkömmlichen Supermarkt so bekommt.

KURKUMA

Bei uns meist als gemahlenes Gewürz erhältlich, würzt Kurkuma mit seiner leuchtend gelben Farbe und dem leicht bitteren Aroma intensiv. Die Wurzel ist immer öfter auch frisch im Supermarkt-Gemüseregal oder getrocknet im Gewürzladen zu bekommen.

LAMM, HACK

Neben Rind ist Lammfleisch traditionell in der orientalischen Küche ein vielseitiger Vertreter. Lammhackfleisch ist beim türkischen Metzger erhältlich, zu Hause kann man es mit dem eigenen Fleischwolf aus Lammfleisch herstellen.

MAULBEEREN

Getrocknet und mit einer feinen, fruchteigenen Süße verfeinern die Beeren des Maulbeerstrauchs süße und herzhafte Speisen. Im Handel sind weiße, rote und schwarze Maulbeeren erhältlich.

OLIVENÖL

Sonnenverwöhnt und mit seinem idealen Klima steht nicht nur Spanien, sondern auch der gesamte orientalische Raum für hochwertige Olivenöle. Alle Zubereitungen in diesem Buch leben von qualitativ hochwertigen Grundprodukten, dazu zählt für mich auch Olivenöl. Um das richtige Öl zu finden, lohnt sich einmal bei einer Verkostung mitzumachen. Denn von mildfruchtig bis intensiv, leicht scharf, grasig, mit deutlichen Bitternoten besitzt Olivenöl ein breites Aromenspektrum.

PERLCOUSCOUS

Moghrabieh, Maftoul oder türkischer Couscous: Je nach Land ist Perlcouscous unter verschiedenen Bezeichnungen erhältlich. Die kleinkugelige orientalische Pastaform, die aus Hart- oder Weichweizengrieß hergestellt wird, kann gedämpft oder gekocht werden. Sie bleibt schön bissfest und wird für Salate, Suppen und Eintöpfe verwendet.

PIMENTÓN

Geräuchertes Paprikapulver ist ein typisch spanisches Gewürz. Beim Original »Pimentón de la Vera« stammen die Paprikaschoten ausschließlich aus La Vera (Provinz Extramadura). Mit geschützter Herkunftsbezeichnung wird es aus getrockneten, geräucherten und fein gemahlenen Paprikaschoten hergestellt. Mild, scharf oder eine mittlere Mischung aus beidem, mit dem paprikatypischen süßlich-bitteren Aroma.

PUL BIBER

Getrocknete Chiliflocken in unterschiedlicher Schärfe, von mild bis leicht scharf. Ideal zum Selberwürzen und mit seiner wunderschönen roten Farbe etwas fürs Auge.

QUESO FRESCO

Queso fresco oder Queso blanco ist ein weißer, weicher und nicht gereifter Käse, der meist aus Kuhmilch hergestellt wird. Da er bei uns schwer zu bekommen ist: einfach selber machen. Die Anleitung dazu finden Sie auf Seite 130.

ROSENWASSER

Ein hoch aromatischer, natürlicher Auszug aus den Rosenblüten der Damaszener-Rose. Achten Sie unbedingt auf die Zutatenliste: Es sollten keine zugesetzten Aromen enthalten sein. Rosenwasser immer behutsam einsetzen, das Aroma kann sonst schnell aufdringlich wirken.

SAFRAN

Ein edles Gewürz, das durch seine wunderschöne gelb färbende Eigenschaft und die würzig-bittere Note begeistert. Nicht wegzudenken aus der spanischen Küche, kommt einem doch sofort eine riesige Pfanne Paella in den Sinn.

SALZZITRONEN

Sonnengereifte Zitronen werden eingeschnitten, mit reichlich Salz eingerieben und fermentieren dann eine Zeit lang. In Gläser eingeschichtet, kann diese Delikatesse sowohl vegetarische als auch Fisch- und Fleischgerichte verfeinern. Sehr zu empfehlen ist das säuerlich-salzige Aroma für Süßspeisen.

SCHWARZKÜMMEL

Der erdige, leicht pfeffrige Geschmack des Schwarzkümmels zaubert mit wenigen Handgriffen typisch orientalische Aromen in ein Gericht. Die schwarzen Samen sind auch optisch ein Highlight und ein typisches Gewürz auf Fladenbroten.

SHERRY

Die typische spanische Weinspirituose aus der Region rund um Jerez de la Frontera, die aus den Rebsorten Palomina, Moscatel und Pedro Xímenez besteht. Der daraus entstandene Wein wird mit zusätzlichem Alkohol aufgespritzt und in Eichenfässern gelagert. Nach der Reifung ist ein trockener Sherry entstanden, der durch die Zugabe von restsüßen Weinen vor der Abfüllung zu süßlichen Sherrysorten verfeinert werden kann.

SUMACH

Ein fein gemahlenes Pulver der Frucht des Färberbaums eignet sich für süße und herzhafte Speisen. Der fein-säuerliche Geschmack ist dezent und sehr angenehm.

TAHIN, TAHINA, TAHINI

Sesammus besteht aus fein gemahlener Sesamsaat. Helles Sesammus wird aus geschälten, schonend gerösteten Sesamsamen, das dunklere aus ungeschältem, stärker geröstetem Sesam hergestellt. Es besticht durch seine feine bzw. intensiv nussige Note und darf in Hummus auf keinen Fall fehlen.

TATLI BIBER SALÇASI

Das milde Paprikamark gehört einfach zur türkischen Küche. Würzig, mild und leicht bitter fügt man es Dips, Füllungen, Suppen und vielen weiteren Zubereitungen bei. Die scharfe Variante erkennt man an der Aufschrift »Aci biber salçasi«.

ZATAR

Nicht eine, sondern für mich DIE Gewürzmischung der Levante. Bestehend aus Sesamsaat, Sumach und syrischem Oregano, der auch unter den Bezeichnungen syrischer Ysop, syrischer Majoran oder Bibel-Ysop bekannt ist. In vielen Mischungen wird aber nicht das Original (Origanum syriacum) verwendet, sondern eine Mischung aus hiesigem Thymian und Oregano.

Tapas

Papas arrugadas con Mojo verde y Mojo rojo

Spanische Kartoffeln in Salzkruste mit grüner und roter Sauce

Für 6–8 kleine Portionen
Zubereitungszeit: 30 Minuten
Garzeit: 20 Minuten

FÜR DIE PAPAS ARRUGADAS

ca. 500 g kleine festkochende Kartoffeln

FÜR DIE MOJO VERDE

2 Knoblauchzehen
1 Bund Koriander
1 milde hellgrüne Paprikaschote
1 Scheibe Toastbrot
3 EL kalt gepresstes Olivenöl
1–2 EL Weißweinessig

FÜR DIE MOJO ROJO

3 Knoblauchzehen
1 kleine rote Chilischote
1 rote Paprikaschote
1 Scheibe Toastbrot
1 TL Kreuzkümmelpulver
1 TL Pimentón (geräuchertes Paprikapulver)
4 EL Olivenöl
2 EL Rotweinessig

AUSSERDEM

Meersalz
Salz
frisch gemahlener Pfeffer

Für die Papas arrugadas die Kartoffeln gründlich waschen und abbürsten. In einem Topf knapp mit Wasser bedeckt mit 2 EL Meersalz zum Kochen bringen. Die Kartoffeln bei mittlerer Temperatur abgedeckt etwa 20 Minuten garen. Anschließend das Wasser, bis auf 1 cm am Topfboden, abgießen. Für die Salzkruste das verbleibende Salzwasser verkochen lassen, dabei gelegentlich rütteln, damit die Kartoffeln gleichmäßig damit ummantelt werden.

Für die Mojo verde den Knoblauch abziehen. Den Koriander waschen und in größere Stücke hacken. Die Paprikaschote waschen, Samen und weiße Scheidewände entfernen und die Schote in Stücke schneiden. Das Toastbrot würfeln. Die vorbereiteten Zutaten mit dem Olivenöl in ein hohes Gefäß geben und mit dem Stabmixer fein zerkleinern. Zuletzt die Sauce mit Salz, Pfeffer und Weißweinessig abschmecken.

Für die Mojo rojo den Knoblauch abziehen, die Chili- und Paprikaschote waschen. Die Samen und Scheidewände der Paprika entfernen und die Schoten in Stücke schneiden. Das Toastbrot würfeln. Die vorbereiteten Zutaten für die Mojo rojo zusammen mit den Gewürzen und dem Olivenöl in einem hohen Gefäß mit dem Stabmixer zerkleinern. Zum Schluss die Sauce mit Salz und Essig abschmecken.

Die Kartoffeln und die beiden Saucen in Schalen anrichten und servieren.

Patatas bravas con Aioli
Gebackene Kartoffeln mit Knoblauchmayonnaise

Für 6–8 kleine Portionen
Zubereitungszeit: 20 Minuten
Garzeit: 35 Minuten

FÜR DIE PATATAS BRAVAS
4 EL Olivenöl plus mehr zum Einfetten
600 g festkochende Kartoffeln
Salz
1 TL Backpulver

FÜR DIE AIOLI
3–4 Knoblauchzehen
Salz
1 frisches Eigelb
150 ml Olivenöl

Für die Patatas bravas den Backofen auf 230 °C Ober-/Unterhitze (210 °C Umluft) vorheizen. Ein Backblech mit Olivenöl einfetten.

Die Kartoffeln waschen, schälen und in größere Stücke schneiden. In einem Topf knapp mit Wasser bedeckt zusammen mit 1 TL Salz und dem Backpulver zum Kochen bringen. 5 Minuten vorgaren. Dann die Kartoffeln abgießen und im Topf offen auf der ausgeschalteten Herdplatte 1–2 Minuten ausdampfen lassen. Anschließend das Olivenöl hinzufügen, den Deckel wieder aufsetzen und die Kartoffeln kurz schütteln. Die Kartoffelstücke auf dem Backblech verteilen und im vorgeheizten Backofen im mittleren Bereich in 20–25 Minuten goldbraun und knusprig backen.

Inzwischen für die Aioli den Knoblauch abziehen und zusammen mit ½ TL Salz im Mörser fein zerreiben. Das Eigelb zugeben und verrühren. Danach das Öl in einem dünnen Strahl zugießen und stetig mit dem Stößel unterrühren, bis eine cremige Mayonnaise entstanden ist.

Zum Servieren die Kartoffeln in einer Schale verteilen. Die Knoblauchmayonnaise in kleinen Schälchen dazustellen.

Tortilla de patatas
Spanisches Kartoffel-Omelett

Für 10–12 kleine Portionen
Zubereitungszeit: 20 Minuten
Garzeit: 25 Minuten

- 4–5 vorwiegend festkochende Kartoffeln
- Olivenöl zum Braten
- 1 große Zwiebel
- 1 Knoblauchzehe
- 1 große rote Spitzpaprika
- 8 Eier
- Salz
- 2 Frühlingszwiebeln
- Meersalzflocken
- frisch gemahlener Pfeffer

Die Kartoffeln waschen, schälen und in 0,5 cm dicke Scheiben schneiden. 5–6 EL Olivenöl in einer tiefen Pfanne erhitzen und die Kartoffelscheiben darin unter gelegentlichem Wenden etwa 10 Minuten bei mittlerer Temperatur braten.

Inzwischen die Zwiebel und den Knoblauch abziehen und in Streifen bzw. Scheiben schneiden. Die Spitzpaprika waschen, der Länge nach halbieren, Samen und weiße Scheidewände heraustrennen und das Fruchtfleisch in Streifen schneiden. Die Zwiebel, den Knoblauch und die Paprika zu den Kartoffeln geben und unter Rühren weitere 5 Minuten braten.

Anschließend die Eier mit 2 Prisen Salz in einer Schüssel kräftig verquirlen und über die Kartoffelmischung gießen. Die Pfanne leicht rütteln, damit sich die Zutaten gut verteilen. Die Mischung bei niedriger bis mittlerer Temperatur langsam zu einer Tortilla stocken lassen und goldbraun braten. Ist die Oberfläche fast gänzlich gestockt, die Pfanne mit einem großen Teller abdecken und zügig wenden. Die Tortilla vom Teller zurück in die Pfanne gleiten lassen und auf der Unterseite ebenso goldbraun braten. Die Tortilla nach dem Garen abgedeckt 15 Minuten ruhen lassen.

Die Frühlingszwiebeln waschen, putzen und in Ringe schneiden. Zum Servieren die Tortilla in Stücke schneiden, auf einer Platte anrichten und mit Frühlingszwiebeln, Meersalzflocken sowie Pfeffer bestreuen. Auch kalt schmeckt die Tortilla fantastisch, sie lässt sich ideal vorbereiten.

Tipp: Wer sich mit dem Wenden von solch großen Stücken schwertut, kann die Tortilla auch 10 Minuten im Backofen (180 °C Ober-/Unterhitze, vorgeheizt) garen. So stockt die Oberfläche und bräunt gleichzeitig. Dazu eine ofenfeste Bratpfanne verwenden.

Pisto manchego
Würziges Pfannengemüse

Für 6–8 kleine Portionen
Zubereitungszeit: 20 Minuten
Garzeit: 15 Minuten

1 große Zwiebel
3 Knoblauchzehen
1 rote Paprikaschote
1 gelbe Paprikaschote
1 größere Zucchini
5 EL Olivenöl plus mehr zum Beträufeln
Salz
frisch gemahlener Pfeffer
50 ml trockener Weißwein
1 Prise Zucker
3 Stängel glatte Petersilie
Baguette zum Servieren

Die Zwiebel und den Knoblauch abziehen und würfeln bzw. hacken. Die Paprikaschoten waschen, Samen und weiße Scheidewände entfernen, die Hälften würfeln. Die Zucchini waschen, die Enden abschneiden und das Fruchtfleisch würfeln.

Das Olivenöl in einer tiefen Pfanne erhitzen. Zunächst die Zwiebel und den Knoblauch darin anschwitzen. Dann die Paprikawürfel und die Zucchini zugeben und mehrere Minuten bei hoher Temperatur braun braten. Mit 1 TL Salz und 2–3 Prisen Pfeffer würzen. Anschließend mit dem Weißwein ablöschen und einkochen lassen. Danach die Gemüsemischung mit Salz, Pfeffer und 1 Prise Zucker würzig abschmecken. Die Petersilie waschen, trocken tupfen, die Blätter hacken und unter das Pisto mischen.

Das Pfannengemüse abkühlen lassen und nach Belieben lauwarm oder am nächsten Tag gut durchgezogen servieren. Zum Anrichten das Pisto in eine große Schale füllen und mit etwas Olivenöl beträufeln. Dazu in Scheiben geschnittenes Baguette reichen.

Tipp: In Spanien werden viele Gerichte auf der Plancha, einer Eisenplatte, bei rund 300 °C zubereitet. Dieses Grillen bringt intensive Röstaromen hervor. Mit dem Ablöschen mit Fonds, Wein oder etwa Fruchtsäften lösen sich diese Röststoffe und verleihen einen hervorragenden Geschmack.

SE VENDE
TALON MINUTO
QUIEK REPAIR
TALON MINUTE
HAIR & BEAUTY SALO
PACK DEPILATION 15.90€
MASSAG 25.00€
PACK COLOR + STREAKS + CUT 59.90€
CUTIS CLEANING WITH MASSAGE 25.00€
MAN CUT from 15.00€
MANICURE AND PEDICURE 29.90€
NAIL ENAMEL GELISH 15.00€
Productos típicos de Mallorca
CA NA LALI
ES REBOST DE CORT

Im Gespräch mit Carme Ruscalleda

Carme Ruscalleda wurde als erste katalanische Köchin mit drei Michelin-Sternen ausgezeichnet. Bis zum Jahr 2018 betrieb sie zusammen mit ihrem Mann, Toni Balam, das prestigeträchtige Dreisternerestaurant »Sant Pau« in ihrer Geburtsstadt Sant Pol de Mar in der Provinz Barcelona. 2004 eröffnete sie ein Pendant des Restaurants in Tokio, das mit einem Stern prämiert ist. Seit 2009 führt Carme außerdem zusammen mit ihrem Sohn Raül Balam das mit zwei Sternen dekorierte Restaurant »Moments« im Mandarin Oriental in Barcelona. In ihren Gerichten greift sie die traditionelle katalanische Küche auf und interpretiert sie neu – gesünder und im Einklang mit den Produkten der Umgebung. Für gesunde Ernährungsgewohnheiten setzt sie sich auch unermüdlich in Schulen ein.

Señora Ruscalleda, was gehört bei Ihnen in der Familie unbedingt auf eine Tapas-Tafel?

Ein gutes Brot, in Stücke geschnitten, gewürzt mit Tomate und nativem Olivenöl, darauf ein paar dicke Scheiben Botifarra – schwarz, weiß oder gemischt.

Welche Zutaten und Gewürze dürfen auf keinen Fall in der spanischen Küche fehlen, damit es authentisch schmeckt?

Ohne Zweifel natives Olivenöl extra (AOVE: Aceite de Oliva Virgen Extra). Es ist eine außergewöhnliche Aromazutat sowohl für Süßes als auch Herzhaftes.

Was ist Ihre liebste Tapa? Was macht sie perfekt?

Für mich sind spanische Kroketten eine der fantastischsten Tapas, die es gibt. Man kann sie mit Kreativität und Einfallsreichtum verfeinern. Ich glaube, die Perfektion liegt darin, sie warm zu servieren, frisch ausgebacken, sodass sich die Hauptzutat mit Eleganz zeigt. Die Textur sollte cremig sein, aber nicht flüssig, die Panade knusprig, aber nicht ölig.

Welches traditionelle spanische oder katalanische Gericht bereiten Sie gerne mit außergewöhnlichen Zutaten zu?

Traditionelle Gerichte betrachte ich als Kulturgut, das es zu schützen gilt. Ich gehe sehr respektvoll mit der Tradition um. Es gilt sie zu verteidigen und zu verbreiten. Aber ich betrachte Kochen als einen Akt der Freiheit. Deshalb liebe ich es, mit ungewöhnlichen Zutaten in traditionellen Gerichten zu spielen, beispielsweise das klassische Fischgericht *escabeche de bonito* zu kochen und mit Orangenschale und Ingwer zu aromatisieren.

Champignones al Jerez
Champignons in Sherry

Für 6–8 kleine Portionen
Zubereitungszeit: 15 Minuten
Garzeit: 15 Minuten

CHAMPIGNONES AL JEREZ

500 g möglichst kleine Champignons
1 Zwiebel
2 Knoblauchzehen
5 EL Olivenöl
3 Zweige Thymian
75 ml Sherry fino
1 TL flüssiger Honig
Salz
frisch gemahlener Pfeffer
Pimentón (geräuchertes Paprikapulver)

VARIANTEN

2 EL gehackte Petersilie
1 Chilischote
2 TL Rosinen
2 EL Mandelblättchen oder gehackte ungeschälte Mandelkerne

Die Champignons trocken abreiben und putzen. Die Zwiebel und den Knoblauch abziehen und würfeln. Das Olivenöl in einer Pfanne erhitzen. Die Zwiebel und den Knoblauch darin hellbraun anbraten.

Die Pilze zugeben und 5 Minuten unter gelegentlichem Schwenken anbraten. Den Thymian waschen und zur Pilzmasse geben. Die austretende Flüssigkeit der Champignons verkochen lassen. Danach die Masse mit dem Sherry ablöschen. Den Honig zugeben und alles mit Salz, Pfeffer sowie 1 Prise Pimentón würzen. Die Mischung 5 Minuten köcheln lassen.

Anschließend die Champignons in Sherry in eine Schale umfüllen, abkühlen lassen und dann servieren.

Die eingelegten Champignons können ganz leicht variiert werden und erweitern so ohne großen Aufwand die Tapas-Tafel schnell und unkompliziert.

Die fertig zubereiteten Champignons dazu auf drei Schalen verteilen. Für die erste Variante 2 EL gehackte Petersilie untermischen. Variante zwei mit einer klein geschnittenen Chilischote und 2 TL Rosinen verfeinern. Die dritte Variante mit 2 EL angerösteten Mandelblättchen oder 2 EL gehackten ungeschälten Mandeln vermischen.

Pan con tomate

Geröstetes Brot mit frischen Tomaten

Für 6–8 kleine Portionen
Zubereitungszeit: 10 Minuten
Garzeit: 2–3 Minuten

1 Baguette, frisch oder vom Vortag
3–4 EL Olivenöl plus mehr zum Beträufeln
2 Knoblauchzehen
2 Fleischtomaten
grobe Meersalzflocken
frisch gemahlener Pfeffer

Das Baguette in Scheiben schneiden, mit Olivenöl beträufeln und in einer Pfanne oder auf dem Grill von beiden Seiten rösten. Den Knoblauch abziehen, halbieren und die Brotscheiben mit den Schnittflächen einreiben.

Die Tomaten waschen, halbieren, den Blütenansatz herausschneiden und die Tomaten mit der Schnittfläche über die grobe Seite der Küchenreibe raspeln. Die Tomatenschalen aussortieren. Die Tomatenraspel auf den Brotscheiben verteilen.

Zuletzt das Brot mit Meersalzflocken und Pfeffer würzen. Mit einigen Tropfen Olivenöl beträufeln und servieren.

Chorizo al sidra

Spanische Paprikawurst in Apfelwein

Für 6–8 kleine Portionen
Zubereitungszeit: 15 Minuten
Garzeit: 10 Minuten

4 Chorizo (spanische Paprikawurst)
2 EL Olivenöl
75 ml Apfelwein (*sidra*)
2 Zweige Oregano (ersatzweise Petersilie)

Die Chorizo pellen und in Scheiben schneiden. Das Olivenöl in einer Pfanne erhitzen und die Chorizo darin 2–3 Minuten scharf anbraten. Anschließend mit dem Apfelwein ablöschen und einkochen lassen.

Den Oregano waschen, trocken tupfen, die Blätter abzupfen und zur Wurstmasse geben. Die Chorizo al sidra in Schalen anrichten und warm servieren.

Coca

Herzhafter Gemüsekuchen

Für etwa 8–12 kleine Portionen
Zubereitungszeit: 30 Minuten plus
1 Stunde zum Gehenlassen
Backzeit: 20 Minuten

FÜR DEN TEIG

350 g Weizenmehl Type 550
1 TL Salz
1 geh. TL Trockenhefe
75 ml Olivenöl plus 1 TL mehr zum Einstreichen

FÜR DEN BELAG

2 Paprikaschoten
2 große Zwiebeln
3 Knoblauchzehen
4 EL Olivenöl
Salz
frisch gemahlener Pfeffer
1 TL getrockneter Oregano

AUSSERDEM

Olivenöl zum Bearbeiten

Für den Teig das Mehl mit dem Salz und der Trockenhefe in einer Schüssel mischen. 200 ml lauwarmes Wasser und 75 ml Olivenöl hinzufügen und die Zutaten 5 Minuten auf kleiner Stufe in der Küchenmaschine oder mit den Händen zu einem Teig kneten. Diesen mit 1 TL Olivenöl einstreichen und abgedeckt bei Zimmertemperatur 45 Minuten gehen lassen.

Inzwischen für den Belag die Paprika waschen, Samen und weiße Scheidewände heraustrennen und die Hälften in Streifen schneiden. Die Zwiebeln und den Knoblauch abziehen und in Spalten bzw. Scheiben schneiden. Das Olivenöl in einer Pfanne erhitzen. Die Paprika, die Zwiebeln und den Knoblauch darin in 10 Minuten braun braten. Anschließend mit Salz, Pfeffer und dem Oregano würzen. Danach abkühlen lassen.

Den Teig auf der leicht geölten Arbeitsfläche in vier Stücke teilen und zu länglichen Fladen ausrollen. Diese auf ein geöltes Backblech legen, mit einer Gabel einstechen und erneut 15 Minuten gehen lassen. Inzwischen den Backofen auf 220 °C Ober-/Unterhitze vorheizen.

Den Gemüsebelag auf den Teigfladen verteilen. Die Coca im vorgeheizten Backofen im mittleren Bereich 20 Minuten backen. Anschließend in Stücke geschnitten warm servieren.

Die Coca erinnert sehr an das italienische Pendant, die Pizza. Der Belag reicht von allerlei Gemüsesorten über Wurst, Sardellen bis hin zu Oliven. Einzig Käse kommt nicht auf eine original Coca. Von mir gibt es eine absolute Empfehlung für den spanischen Gemüsekuchen.

VARIANTEN
jeweils für die angegebene Teigmenge Coca im Hauptrezept, siehe links

Coca mit Spinat und Rosinen

Etwa 700 g frischen Spinat waschen, abtropfen und grob hacken. In einer Pfanne in 2 EL Olivenöl anschwitzen. 2 EL Rosinen zugeben, die Mischung mit Salz und Pfeffer würzen und 3–4 Minuten offen garen. Anschließend abkühlen lassen, auf den Teigstücken verteilen und mit Pinienkernen bestreuen. Die Coca wie angegeben 20 Minuten backen.

Coca mit Oliven und Tomaten

80 g schwarze entsteinte Oliven in Scheiben schneiden. 2–3 Strauchtomaten waschen, den Blütenansatz herausschneiden und die Früchte in Scheiben schneiden. Beides auf den Teigböden verteilen. Mit 2 TL getrocknetem Oregano bestreuen und die Coca wie angegeben 20 Minuten backen. Zuletzt mit Meersalzflocken würzen.

Coca mit Chorizo und Zwiebel

2 Chorizos pellen und in dünne Scheiben schneiden. 2 größere Zwiebeln abziehen, in dünne Spalten schneiden. Einem Zweig Rosmarin waschen, die Nadeln abzupfen und zusammen mit der Paprikawurst und den Zwiebeln auf den vorbereiteten Teigböden verteilen. Die Coca wie angegeben 20 Minuten backen.

- TAPAS, HOY -
CARRILLADA IBÉRICA.... 2'95
LAGARTO IBERICO... 2'95€
ENSALADILLA .... 2'75€
ATÚN CON TOMATE.... 2'75€
TATAKI DE ATUN..... 3'95€
QUESO OVEJA .... 2'75€
SALMOREJO
MONTADITOS:
MELVA
SALCHICHA
BERENJENA
SARDINA
HUMMUS
TOMATE ALIÑAO CON

Gambas al ajillo
Knoblauch-Garnelen

Tipp: Unbedingt etwas Brot dazu servieren, mit dem man das köstliche Knoblauchöl auftunken kann.

Für 6–8 kleine Portionen
Zubereitungszeit: 10 Minuten
Garzeit: 5 Minuten

ca. 250 g Gambas, küchenfertig ausgelöst, ohne Kopf und Schale
5 Knoblauchzehen
5 EL Olivenöl
Meersalz
1 unbehandelte Zitrone

Die Gambas kurz abbrausen und auf einem sauberen Küchentuch gründlich trocken tupfen. Den Knoblauch mit Schale halbieren und mit dem Messerrücken etwas andrücken. Das Olivenöl in einer Pfanne erhitzen und die Gambas mit dem Knoblauch darin rundum anbraten. Anschließend mit Meersalz würzen.

Die Zitrone heiß abwaschen, trocken reiben und in Spalten schneiden. Zusammen mit den Gambas in kleinen Schalen anrichten und servieren.

Blitz-Tapas: Oliven in verschiedenen Marinaden, Manchego in Scheiben oder spanische Wurst und Schinkensorten passen und gehören zu jeder guten Tapas-Runde! Auch kleine eingelegte Paprikaschoten sind sehr köstlich.

Gazpacho andaluz
Kalte Gemüsesuppe

Für 10–12 kleine Portionen
Zubereitungszeit: 20 Minuten plus
2 Stunden zum Durchziehen

FÜR DIE GAZPACHO
2 Tomaten
1 rote Paprikaschote
1 gelbe Paprikaschote
½ Salatgurke
1 Zwiebel
2 Knoblauchzehen
Salz
2 EL Rotweinessig
1 TL Zucker
frisch gemahlener Pfeffer
2 Scheiben Toastbrot

AUSSERDEM
altbackenes Baguette zum Anrichten
Olivenöl zum Anrösten
4 EL klein gewürfeltes Gemüse (Gurke, Paprikaschote, Tomate)
1 EL gehackte Petersilie

Für die Gazpacho die Tomaten, die Paprikaschoten und die Gurke waschen. Die Tomaten halbieren und den Blütenansatz entfernen. Die Samen und Scheidewände der Paprika entfernen. Das Gemüse in Stücke schneiden. Die Zwiebel und den Knoblauch abziehen und klein schneiden. Alle vorbereiteten Zutaten mit 1 TL Salz, dem Essig, dem Zucker und 2–3 Prisen Pfeffer in einer Schale marinieren. Die Masse abgedeckt 2 Stunden durchziehen lassen. Danach zum Anrichten das Baguette in Scheiben schneiden und in einer Pfanne in etwas Olivenöl von beiden Seiten braun anrösten. Zuletzt das marinierte Gemüse zusammen mit dem Toastbrot im Standmixer zu einer Gazpacho fein pürieren.

Die Gazpacho auf kleine Schalen oder Gläser verteilen und mit etwas Olivenöl beträufeln. Mit Gemüsewürfeln, Petersilie und dem gerösteten Baguette servieren.

Boquerones en vinagre
Sardellen in Essig eingelegt

Für 6–8 kleine Portionen
Zubereitungszeit: 45 Minuten plus 26 Stunden zum Ziehen

FÜR DIE BOQUERONES
400 g frische Sardellen
Meersalz

FÜR DIE MARINADE
2 Knoblauchzehen
1 unbehandelte Zitrone
50 ml Weißweinessig
50 ml Olivenöl
3 Stängel Petersilie

AUSSERDEM
frisches Baguette zum Servieren

Für die Boquerones die Sardellen ausnehmen und säubern. Dafür den Kopf der Sardellen nach hinten biegen, den Schnabel samt Kiemen fassen und Richtung Schwanzende nach unten ziehen. Bei diesem Schritt die Innereien und den Bauchlappen mit herausziehen und ablösen. Mit dem Daumen den Bauchraum ausputzen. Mit der Spitze des Daumens im Inneren der Sardelle am Rückgrat entlangfahren, dabei das Filet abtrennen und aufklappen. Dann vom Schwanzende her das Rückgrat vom zweiten Filet lösen und samt Kopf abtrennen. Die gesäuberten und filetierten Sardellen gründlich in kaltem Wasser waschen. Anschließend in einer Schale mit 2 EL Meersalz einsalzen und 2 Stunden ziehen lassen.

Für die Marinade den Knoblauch abziehen und hacken. Die Zitrone heiß abwaschen, trocken reiben, die Schale fein abreiben und den Saft der Zitrone auspressen. Knoblauch, Essig, Zitronenabrieb, -saft und das Olivenöl verrühren. Die Petersilie waschen, trocken tupfen und hacken. Die gesalzenen Sardellen unter fließendem Wasser abspülen und trocken tupfen. Flach in eine Schale schichten, dabei jede Schicht mit Marinade beträufeln und mit Petersilie bestreuen. Die Sardellen abgedeckt 24 Stunden im Kühlschrank ziehen lassen.

Die Boquerones mit frischem Baguette servieren.

Boquerones fritos | Knusprig frittierte Sardellen

Wer sich dem etwas aufwendigeren Ausnehmen der Sardellen annimmt, wird mit einer leckeren Tapas-Variante belohnt. Ich empfehle, dann auch gleich die Boquerones fritos auszuprobieren.

Die ausgenommenen Sardellen (nur ausnehmen, Bauchlappen und Innereien entfernen, nicht filetieren) trocken tupfen, in Mehl wenden und in heißem Öl schwimmend 1–2 Minuten knusprig ausbacken. Anschließend auf Küchenpapier abtropfen lassen. Zuletzt mit Meersalz würzen und mit Zitronenspalten servieren.

Calamari a la plancha

Gebratene Tintenfische

Für 6–8 kleine Portionen
Zubereitungszeit: 25 Minuten
Garzeit: 5 Minuten

400 g küchenfertige Calamari (kleine Tintenfische)
3 Knoblauchzehen
3 EL Olivenöl
Saft von ½ Zitrone
Salz
3 Stängel Petersilie

Die Calamari putzen. Dafür den Kopf und das Rückgrat aus den Tuben (Körpern) ziehen. Die Fangarme der Calamari über den Augen abschneiden. Die Augen wegwerfen. Alle Teile gründlich waschen. Anschließend trocken tupfen und in mundgerechte Stücke schneiden.

Den Knoblauch abziehen und hacken. Das Olivenöl in der Pfanne erhitzen. Die Calamari darin bei hoher Temperatur 1–2 Minuten scharf anbraten. Dann den Knoblauch hinzufügen und kurz mitbraten. Die Mischung mit dem Zitronensaft ablöschen und mit Salz würzen.

Die Petersilie waschen, trocken tupfen, hacken und zugeben. Die Calamari in Schalen anrichten und servieren.

Croquetas de jamón
Spanische Kroketten mit Schinken

Für 6–8 kleine Portionen
Zubereitungszeit: 30 Minuten plus über Nacht zum Durchkühlen
Garzeit: 10 Minuten

100 g Serranoschinken
50 g Butter
50 g Weizenmehl Type 405 plus mehr zum Panieren
500 ml Milch plus 2 EL zum Panieren
Salz
frisch geriebene Muskatnuss
ca. 150 g feine Semmelbrösel
2 Eier
neutrales Pflanzenöl zum Frittieren (ca. 700 ml)

Den Serranoschinken klein würfeln und in einem Topf in der Butter 2–3 Minuten anschwitzen. Danach das Mehl zugeben, unterrühren und hell anschwitzen. Den Topf vom Herd nehmen. Die Milch nach und nach hinzufügen, dabei stetig rühren. Den Topf wieder auf die Herdplatte stellen und die Mischung bei mittlerer Temperatur unter Rühren 10 Minuten zu einer Béchamelmasse einkochen lassen. Dann die Masse mit 1 TL Salz und 2–3 Prisen Muskat würzen und in eine flache Schale füllen. Ein Stück Frischhaltefolie direkt auf die Oberfläche legen und andrücken, so bildet sich keine Haut. Die Béchamelmasse abkühlen lassen und anschließend im Kühlschrank über Nacht gut durchkühlen lassen.

Am nächsten Tag die Masse in Würfel schneiden oder mit einem Teelöffel kleine Portionen davon abstechen. Zum Panieren jeweils eine Schale mit Mehl und Semmelbröseln bereitstellen. In einer dritten Schale die Eier mit 2 EL Milch verquirlen. Die Béchamelportionen nacheinander in Mehl wenden, durch das Eimischung ziehen und in den Semmelbröseln wenden. Die Croquetas besonders gründlich panieren, damit die Béchamelmasse beim Frittieren nicht ausläuft. Bei Bedarf das Panieren in Ei und Semmelbröseln wiederholen, das Mehlieren dabei weglassen.

Zum Frittieren Pflanzenöl 3–4 cm hoch in einem Topf erhitzen. Zum Testen der Temperatur ein Holzstäbchen hineinhalten; sobald kleine Bläschen daran aufsteigen, ist das Öl heiß genug. Die Croquetas im heißen Öl schwimmend ausbacken, bis sie goldbraun und knusprig sind.

Danach die Croquetas de jamón auf Küchenpapier abtropfen lassen und möglichst sofort servieren.

Ein typisches Armeleuteessen, denn die Basis ist einfach, und nur ein wenig Schinken gibt den übrigen Zutaten einen intensiven und leckeren Geschmack. Um genau zu sein sind die Croquetas aber ein echter Hochgenuss, innen weich und würzig, außen heiß und kross. Ein Hoch auf die »Armeleuteküche« Spaniens!

Albóndigas
Hackbällchen in würziger Tomatensauce

Für 6–8 kleine Portionen
Zubereitungszeit: 25 Minuten
Garzeit: 30 Minuten

FÜR DIE HACKBÄLLCHEN
1 kleine Zwiebel
1 Knoblauchzehe
1 Bund Petersilie
500 g Rinderhackfleisch
1 TL getrockneter Oregano
1 TL Pimentón (geräuchertes Paprikapulver)
2 EL Semmelbröseln

FÜR DIE SAUCE
1 rote Paprikaschote
1 Zwiebel
2 Knoblauchzehen
2 EL Tomatenmark
50 ml Rotwein (ersatzweise Brühe)
1 Dose stückige oder passierte Tomaten (400 g)

AUSSERDEM
Salz
frisch gemahlener Pfeffer
Olivenöl
1–2 Prisen Zucker
Baguette zum Servieren

Für die Hackbällchen die Zwiebel sowie den Knoblauch abziehen und beides klein würfeln. Die Petersilie waschen, trocken tupfen und die Blätter fein hacken. Das Hackfleisch mit der Zwiebel, dem Knoblauch, dem Oregano, 1 TL Salz, 2–3 Prisen Pfeffer, dem Pimentón, den Semmelbröseln, 3 EL Wasser und der Hälfte der Petersilie vermengen. Aus der Masse kleine Bällchen formen. 3 EL Olivenöl in einer Pfanne erhitzen und die Bällchen darin von allen Seiten braun anbraten.

Inzwischen für die Sauce die Paprika waschen, die weißen Scheidewände sowie Samen entfernen und die Hälften klein würfeln. Die Zwiebel und den Knoblauch abziehen und würfeln. Die angebratenen Hackbällchen aus der Pfanne nehmen und beiseitestellen. 2 EL Olivenöl in die Pfanne geben. Zwiebel, Knoblauch und Paprika darin 5 Minuten anschwitzen. Anschließend das Tomatenmark hinzufügen, anrösten und alles mit dem Rotwein ablöschen. Die Tomaten aus der Dose zugeben. Die Sauce mit 1 TL Salz, je 1–2 Prisen Pfeffer und Zucker würzen und unter Rühren 3 Minuten kochen lassen.

Die Hackbällchen in die Sauce geben und abgedeckt 15 Minuten garen. Anschließend abkühlen lassen und lauwarm oder kalt servieren. Dafür mit der übrigen Petersilie bestreuen und einige Scheiben Baguette dazureichen.

Diese feinen Hackbällchen in würziger Tomatensauce hat mir mein Mann zu unserem ersten Date gekocht, eine überaus gute Idee!

Mezze

Nivik
Armenischer Kichererbsen-Spinat-Salat

Für 6–8 kleine Portionen
Zubereitungszeit: 20 Minuten
Garzeit: 15 Minuten

FÜR DEN SALAT
500 g frischer Blattspinat
1 Zwiebel
1 Knoblauchzehe
2 EL Olivenöl plus mehr zum Beträufeln
1 TL Kreuzkümmelsamen
1 TL edelsüßes Paprikapulver
2 TL Tatli biber (Paprikapaste)
400 g gegarte Kichererbsen (Abtropfgewicht ca. 260 g)
Salz
scharfes Pul biber (Paprikaflocken)

AUSSERDEM
200 g Naturjoghurt zum Servieren

Für den Salat den Spinat waschen, trocken schleudern und nicht zu fein hacken. In eine Schale umfüllen und beiseitestellen.

Die Zwiebel und den Knoblauch abziehen. Das Olivenöl in einem Topf erhitzen und beides darin braun anbraten. Danach den Kreuzkümmel zerstoßen. Mit dem Paprikapulver und dem Paprikamark zugeben und unter Rühren kurz anrösten. Die Masse mit 100 ml Wasser ablöschen und die Flüssigkeit bei mittlerer Temperatur sämig einkochen.

Anschließend die Kichererbsen unterrühren und alles mit Salz sowie Pul biber würzen. Den Spinat hinzufügen und unter Rühren einige Minuten zusammenfallen lassen.

Den Salat lauwarm oder vollständig abgekühlt in Schalen mit etwas Olivenöl beträufelt servieren. Dazu Naturjoghurt reichen.

Falafel mit Hummus

Kichererbsenbällchen mit Kichererbsendip

Für 6–8 kleine Portionen
Zubereitungszeit: 20 Minuten plus über Nacht bzw. 12–14 Stunden zum Einweichen plus 30 Minuten zum Durchziehen
Garzeit: 20 Minuten

FÜR DIE FALAFEL

300 g getrocknete Kichererbsen
2 Knoblauchzehen
1 TL Kreuzkümmelsamen
½ Bund Petersilie
1 TL Kurkumapulver
frisch geriebene Muskatnuss
Salz
ca. 1 l neutrales Pflanzenöl zum Frittieren

FÜR DAS HUMMUS

1 Knoblauchzehe
1 Glas Kichererbsen (Abtropfgewicht ca. 250 g)
Saft von 1 Zitrone
1 gestr. TL Kreuzkümmelpulver
Salz
125 g Tahin (Sesampaste)

AUSSERDEM

Olivenöl zum Beträufeln
einige Stängel Petersilie, klein gezupft
einige Stängel Koriander, klein gezupft
1 EL Sesamsamen

Für die Falafel die Kichererbsen über Nacht bzw. 12–14 Stunden einweichen. Dann in einem Sieb abgießen, abspülen und in den Standmixer geben. Den Knoblauch abziehen und den Kreuzkümmel im Mörser fein zerstoßen. Die Petersilie waschen, trocken tupfen und in grobe Stücke hacken. Knoblauch, Kreuzkümmel, Petersilie, Kurkuma, 2 Prisen Muskat und 1 TL Salz zu den Kichererbsen hinzufügen. Alles zu einer glatten Masse zerkleinern, dabei zwischendurch die Zutaten mit einem Teigschaber nach unten schieben und so lange mixen, bis eine homogene Mischung entstanden ist. Danach die Teigmasse für die Falafel in eine Schale umfüllen und abgedeckt bei Zimmertemperatur 30 Minuten durchziehen lassen.

Zum Frittieren Pflanzenöl 3–4 cm hoch in einem Topf erhitzen. Zum Testen der Temperatur ein Holzstäbchen hineinhalten; sobald kleine Bläschen daran aufsteigen, ein Bällchen zur Probe garen. Es sollte innerhalb etwa 3 Minuten goldbraun und knusprig sein. Dann die Teigmasse zu Falafeln formen und portionsweise drei bis vier Stück im heißen Öl frittieren. Anschließend die Falafel auf Küchenpapier abtropfen lassen.

Für das Hummus den Knoblauch abziehen. Die Kichererbsen in ein Sieb abgießen und mit dem Knoblauch, dem Zitronensaft, dem Kreuzkümmel und 1 Prise Salz in den Standmixer geben. Auf mittlere Stufe einschalten, 100–120 ml kaltes Wasser in das laufende Messer gießen und die Zutaten zu einer Paste zerkleinern. Das Tahin hinzufügen und alles auf hoher Stufe in 1 Minute fein-cremig mixen. Dann das Hummus mit Salz abschmecken.

Das Hummus in eine Schale umfüllen, mit einem Teelöffel Furchen in seine Oberfläche ziehen und mit Olivenöl beträufeln. Zuletzt mit klein gezupfter Petersilie, Koriander und dem Sesam bestreuen.

Das Hummus mit den Falafeln anrichten und servieren.

Zaziki, Fava und Muhammara

Knoblauch-Joghurt-Dip, Erbsenaufstrich und Walnuss-Paprika-Dip

Zaziki

Für 6–8 kleine Portionen
Zubereitungszeit: 15 Minuten

½ Salatgurke
Salz
500 g stichfester griechischer Joghurt (10 % Fettgehalt)
2 Knoblauchzehen

Die Salatgurke waschen und samt Schale grob raspeln. Die Gurkenraspel mit 1 TL Salz mischen und 10 Minuten Wasser ziehen lassen.

Den Joghurt in einer Schale glatt rühren. Den Knoblauch abziehen und dazureiben. Die Gurkenraspel abgießen, mit den Händen gut ausdrücken und zur Joghurtmischung geben.

Alles verrühren und mit Salz abschmecken. Den Dip auf Schalen verteilen und servieren.

Tipp: Stichfester Joghurt mit 10 % Fettgehalt ist besonders fest und zugleich cremig, ideal für Zaziki. Alternativ die Hälfte des Joghurts durch Magerquark ersetzen.

Fava

Für 6–8 kleine Portionen
Zubereitungszeit: 15 Minuten plus über Nacht zum Einweichen
Garzeit: 1 Stunde

250 g griechische Plattererbsen (Fava, geschält und halbiert)
1 Zwiebel
1 Lorbeerblatt
Salz
Saft von 1 Zitrone
100 ml Olivenöl
2 EL Kapern
1 rote Zwiebel

Die Platterbsen in einem Sieb abbrausen und in reichlich heißem Wasser 2–3 Stunden einweichen. Anschließend abgießen, abspülen und mit der doppelten Menge Wasser in einem Topf zum Kochen bringen. Die Zwiebel abziehen, vierteln und zusammen mit dem Lorbeer ins Kochwasser legen. Die Platterbsen in 50–60 Minuten weich kochen.

Danach das Lorbeerblatt entfernen. Die Erbsen bis auf einen kleinen Rest Kochwasser abgießen und pürieren. So lange Kochwasser zugeben, bis die Konsistenz einer dickflüssigen Suppe entstanden ist. Mit Salz sowie Zitronensaft würzen und mit 4 EL Olivenöl verfeinern. Das Püree ist warm noch flüssiger und dickt beim Abkühlen ein.

Zum Anrichten das Erbsenpüree auf tiefe Schalen verteilen, mit einem Löffel schöne Vertiefungen in die Oberfläche streichen.

Inzwischen das übrige Olivenöl in einer kleinen Pfanne erhitzen, die Kapern gut trocken tupfen und im heißen Öl frittieren. Die rote Zwiebel abziehen und in dünne Spalten schneiden. Den Erbsenaufstrich mit den Zwiebelspalten, den Kapern und dem heißen Öl toppen und servieren.

Muhammara

Für 6–8 kleine Portionen
Zubereitungszeit: 20 Minuten
Garzeit: 7 Minuten

1 Zwiebel
2 TL Kreuzkümmelsamen
4 EL Olivenöl
150 g Walnusskerne
2 eingelegte Paprikaschoten
3 EL Tatli biber (Paprikapaste)
Salz
frisch gemahlener Pfeffer
Saft von ½ Zitrone
Pul biber (Paprikaflocken) zum Bestreuen

Die Zwiebel abziehen und würfeln. Den Kreuzkümmel im Mörser grob zerstoßen. Das Olivenöl in einer Pfanne erhitzen und den Kreuzkümmel zusammen mit der Zwiebel darin anrösten. Die Walnüsse grob hacken. 2 EL davon beiseitelegen und die übrigen Walnüsse mit anrösten.

Die Paprikaschoten fein hacken und in den Standmixer oder ein hohes Gefäß geben. Die angeröstete Mischung aus der Pfanne sowie die Paprikapaste hinzufügen. Mit Salz und Pfeffer würzen und pürieren. Zuletzt mit dem Zitronensaft und Salz würzig abschmecken.

Die Muhammara-Masse in eine Schale umfüllen. Mit den übrigen Walnusskernen sowie einigen Paprikaflocken als Topping bestreuen und servieren.

Baba ganoush
Auberginenpüree

Für 6–8 kleine Portionen
Zubereitungszeit: 20 Minuten plus 15 Minuten zum Abkühlen
Garzeit: 20 Minuten

FÜR DAS BABA GANOUSH
2 Auberginen
2 Knoblauchzehen
Salz
Saft von ½ Zitrone
4 EL Tahin (Sesampaste)
frisch gemahlener Pfeffer

AUSSERDEM
Olivenöl zum Beträufeln
1 TL mildes oder scharfes Pul biber (Paprikaflocken)
½ TL Schwarzkümmelsamen
½ Bund Koriander, fein gehackt

Für das Baba ganoush den Backofen auf 250 °C Ober-/Unterhitze vorheizen. Die Auberginen waschen, mit einer Rouladennadel rundum einstechen und in eine Auflaufform legen. Im vorgeheizten Backofen 20 Minuten garen. Anschließend mit einem Küchentuch abdecken und 15 Minuten ruhen und abkühlen lassen.

Inzwischen den Knoblauch abziehen und mit ½ TL Salz im Mörser zerreiben. Die Auberginen längs halbieren, das weiche Fruchtfleisch mit einem Löffel auskratzen und in eine flache Schale geben. Das Knoblauchsalz, den Saft der Zitrone und das Tahin zugeben. Alle Zutaten mit einer Gabel zerdrücken und vermengen. Zuletzt mit etwas Pfeffer würzen und nach Bedarf nachsalzen.

Das Auberginenmus in eine Schale füllen und mit etwas Olivenöl beträufeln. Pul biber, Schwarzkümmel sowie Koriander daraufstreuen und den Dip servieren.

Tipp: Alternativ können die Auberginen auch auf dem Gas- oder Holzkohlegrill über direkter Hitze gegrillt werden.

Kuku-e kadu

Persisches Zucchini-Omelett

Für 24 Stück (10–12 kleine Portionen)
Zubereitungszeit: 20 Minuten
Garzeit: 15 Minuten

FÜR DAS OMELETT

1 größere Zucchini
Salz
1 Zwiebel
2 Knoblauchzehen
2 EL Olivenöl plus mehr für die Form
1 TL Koriandersamen
1 TL Kurkumapulver
frisch gemahlener Pfeffer
1 Bund Dill
3 Eier
2 EL getrocknete Maulbeeren (ersatzweise andere Trockenfrüchte, gehackt)

AUSSERDEM

24er-Mini-Muffinform

Für das Omelett die Zucchini waschen, die Enden abschneiden und das Fruchtfleisch auf der groben Seite der Gemüsereibe raspeln. Mit 1 TL Salz in einer Schale mischen und 10 Minuten Wasser ziehen lassen.

Inzwischen die Zwiebel und den Knoblauch abziehen und würfeln bzw. hacken. Das Olivenöl in einer Pfanne erhitzen und beides darin anschwitzen.

Den Backofen auf 180 °C Ober-/Unterhitze vorheizen.

Den Koriander im Mörser zerstoßen und zusammen mit der Kurkuma zur Zwiebel-Knoblauch-Mischung geben. Alles 2–3 Minuten weitergaren, zuletzt mit Pfeffer würzen. Den Dill waschen, trocken tupfen, die Blätter abzupfen, einige davon zum Garnieren beiseitelegen und den Rest hacken.

Die Zucchiniraspel portionsweise mit den Händen gut ausdrücken. Dann mit den Eiern, dem gehackten Dill und der Zwiebel-Knoblauch-Mischung verrühren. Die Muffinmulden mit Olivenöl einfetten und die Zucchinimasse einfüllen. Im Backofen 15 Minuten garen, bis die Ränder goldbraun sind und die Masse gestockt ist.

Anschließend das Zucchini-Omelett abkühlen lassen, aus den Formen lösen und auf einer Platte verteilen. Mit dem beiseitegelegten Dill und den getrockneten Maulbeeren garniert servieren.

Im Gespräch mit Haya Molcho

Haya Molcho zählt zu den bekanntesten Köchinnen, Kochbuchautorinnen und erfolgreichsten Gastronominnen im deutschsprachigen Raum. Geboren wurde sie in Tel Aviv, später zog sie mit ihren Eltern nach Bremen und als junge Erwachsene sieben Jahre lang um die Welt. Heute lebt sie mit ihrer Familie in Wien. Hier gründete sie mit ihren vier Söhne das Restaurant NENI, in dem sie israelische Küche serviert. Mittlerweile gibt es das NENI auch in Berlin, Köln, München, Hamburg, Zürich, Mallorca, Paris, Amsterdam und Kopenhagen. NENI steht für die Initialen von Hayas Söhnen Nuriel, Elior, Nadiv und Ilan. Eine Hommage an die Familie und Ausdruck dessen, dass jedes der vier Kinder Teil des gemeinsamen Familienbetriebs ist.

Jahrelang führte Haya Molcho ein Nomadenleben und reiste mit ihrem Mann rund um den Globus. Indien und seine Küche beeindruckten sie ganz besonders – dort lebte und arbeitete sie ein ganzes Jahr.

Frau Molcho, wie hat Indien Sie kulinarisch beeinflusst?

Die 5-Elemente-Küche habe ich von dort mitgenommen, die Balance der Aromen, scharf-bitter, salzig-süß .... Sie findet sich häufig auch in israelischen Speisen.

Hayas Eltern stammen aus Rumänien, ihr Mann Samy Molcho hat spanische Wurzeln. Im NENI verbindet sich daher die israelische Küche mit der rumänischen und der spanischen.

Frau Molcho, warum passen diese Küchen so gut zusammen?

Man muss verstehen, dass die israelische Küche eine eklektische ist. Die israelische Küche ist keine typische Küche des mittleren Osten, sie ist eine Weltküche, die immer schon Aromen und Gerichte von überall her vereint: japanische, persische, arabische, mediterrane, osteuropäische ... Wenn ich zum Beispiel Borschtsch koche, würze ich ihn mit Sumach. Das bringt auch Aromenbalance.

Gibt es dennoch Zutaten, Gewürze oder Gerichte, die für Sie besonders für die israelische Küche stehen?

Hummus, Tahini, Falafel dürfen nicht fehlen. Auberginen natürlich – generell frisches Gemüse der Saison. Das Ankohlen von Zutaten ist auch sehr typisch.

Ein Beispiel für das Ankohlen von Zutaten ist Baba ganoush (siehe Seite 54).

Und zum Schluss: Frau Molcho, was ist Ihr liebstes Mezze-Gericht?

Hummus mit Tahini, das könnte ich jeden Tag essen.

Haya Molchos Salzzitronen

Für 1 großes Einmachglas
Zubereitungszeit: 10–15 Minuten
Ziehzeit: 20 Tage

6 Bio-Zitronen
100 g Meersalz
50 g Zucker
40 ml Olivenöl

Den Saft einer Zitrone auspressen. Die restlichen fünf Zitronen heiß waschen, trocken reiben und in Scheiben schneiden. Die Kerne entfernen.

Die Zitronenscheiben mit dem Meersalz, dem Zucker und dem Zitronensaft in einer Schüssel vermischen und über den Tag verteilt ziehen lassen. Dabei die Zitronenscheiben ab und zu durchrühren und vermischen.

Nach etwa 10 Stunden nochmals vermischen, alles in ein Einmachglas füllen und mit Olivenöl aufgießen. Das Einmachglas gut verschließen und die Zitronen 20 Tage im Kühlschrank ziehen lassen. Dabei das Glas ab und zu schütteln.

Labneh mit Ofentomaten

Für 6–8 kleine Portionen
Zubereitungszeit: 20 Minuten plus über Nacht zum Durchziehen und zum Abtropfen
Garzeit: 30 Minuten

FÜR DIE OFENTOMATEN

500 g Kirschtomaten
5 Knoblauchzehen
1 EL flüssiger Honig
4 EL Olivenöl plus mehr zum Beträufeln
3 Zweige Thymian

FÜR DAS LABNEH

500 g Naturjoghurt (mind. 3,8–10 % Fettgehalt)
Salz

AUSSERDEM

waschmittelfreies, sauberes Baumwolltuch
frische Minz- und Dillblätter zum Servieren
Brot, Baguette oder Fladenbrot zum Servieren

Für die Ofentomaten den Backofen auf 180 °C Ober-/Unterhitze vorheizen. Die Tomaten waschen und in eine ofenfeste Form geben. Den Knoblauch mit Schale halbieren und hinzufügen. Den Honig und 2 EL Olivenöl über die Tomate träufeln. Den Thymian waschen, trocken tupfen, die Blätter abzupfen und über die Tomaten streuen. Die Masse im vorgeheizten Backofen 30 Minuten garen. Anschließend abkühlen und abgedeckt über Nacht im Kühlschrank durchziehen lassen.

Für das Labneh ein Sieb in eine Schüssel setzen und mit dem Baumwolltuch auslegen. Den Joghurt hineinfüllen und das Tuch oben zusammenfassen. Den Joghurt über Nacht im Kühlschrank abtropfen lassen.

Am nächsten Tag die Tomaten rechtzeitig temperieren, entweder bei Zimmertemperatur oder bei niedriger Temperatur auf dem Herd. Das Labneh aus dem Tuch in eine Schale umfüllen und mit 1 Prise Salz verfeinern.

Die temperierten Tomaten häuten, die Knoblauchzehen aus der Schale lösen und beides auf dem Labneh verteilen. Alles mit Olivenöl beträufeln, mit Minze und Dill bestreuen und mit Brot servieren.

Tipp: Je höher der Fettgehalt des Joghurts ist, umso cremiger und fester wird das Labneh.

Kisir
Türkischer Bulgursalat

Für 6–8 kleine Portionen
Zubereitungszeit: 30 Minuten
plus einige Zeit (gerne auch über Nacht) zum Durchziehen

- 75 g feiner Bulgur (im türkischen Supermarkt oder online erhältlich)
- 1 Zwiebel
- 1 Knoblauchzehe
- 4 EL Olivenöl
- 1 TL getrocknete Minze
- 1 TL Kreuzkümmelpulver
- 1 TL Pul biber (Paprikaflocken)
- 2 TL Paprikamark
- 1 rote Spitzpaprika
- ½ Salatgurke
- 8 Stängel glatte Petersilie
- Salz
- frisch gemahlener Pfeffer
- Saft von ½ Zitrone
- 3 Frühlingszwiebeln
- Kerne von ½ Granatapfel

Den Bulgur mit 150 ml warmem Wasser in einer Schüssel mischen und 10 Minuten quellen lassen. Inzwischen die Zwiebel und den Knoblauch abziehen und würfeln. Olivenöl in einer Pfanne erhitzen und beides darin anschwitzen. Die Minze, den Kreuzkümmel, das Pul biber und das Paprikamark hinzufügen, die Mischung unter Rühren 2 Minuten anrösten. Mit einem Schuss Wasser ablöschen, kurz einkochen lassen und die Pfanne beiseitestellen.

Inzwischen die Paprika waschen, die Samen und Scheidewände entfernen und das Fruchtfleisch klein würfeln. Die Gurke waschen und ebenfalls klein würfeln. Die Petersilie waschen, trocken tupfen und samt Stielen klein hacken.

Die Zwiebel-Gewürz-Mischung zum Bulgur geben. Außerdem die Gemüsewürfel, die Petersilie, 1 TL Salz und 2–3 Prisen Pfeffer hinzufügen. Zuletzt den Saft der Zitrone zugeben und alle Zutaten vermengen. Den Salat einige Zeit nach Belieben (gerne auch über Nacht) durchziehen lassen.

Zum Anrichten den Salat in eine Schale füllen. Die Frühlingszwiebeln waschen, putzen und klein schneiden. Den Salat damit sowie mit den Granatapfelkernen bestreuen und servieren.

Tipp: Kisir wird traditionell gern in kleinen Salatblättern angerichtet und serviert. Dazu einfach die gefüllten Salatblätter auf einer Platte anrichten.

Mercimek mantisi

Linsenbällchen mit Joghurtsauce und Paprikaöl

Für 6–8 kleine Portionen
Zubereitungszeit: 30 Minuten
Garzeit: 12 Minuten

FÜR DIE BÄLLCHEN
100 g getrocknete rote Linsen
1 große Zwiebel
1 TL edelsüßes Paprikapulver
½ TL Kreuzkümmelpulver
1 TL Tatli biber (Paprikapaste)
2 EL feiner Bulgur (im türkischen Supermarkt oder online erhältlich)
1 TL getrocknete Minze
½ TL Sumach (Gewürz)

FÜR DIE JOGHURTSAUCE
1 TL Koriandersamen
100 g Naturjoghurt (3,5 % Fettgehalt)
Saft von ½ Zitrone

FÜR DIE PAPRIKASAUCE
1 EL Paprikamark
1 EL Tomatenmark
1 TL mildes Pul biber (Paprikaflocken)

AUSSERDEM
Olivenöl
Salz
frisch gemahlener Pfeffer

Für die Bällchen die Linsen in einem Sieb waschen und anschließend mit 200 ml Wasser zum Kochen bringen. Bei mittlerer Temperatur in 10 Minuten weich kochen. Inzwischen die Zwiebel abziehen und würfeln. 2 EL Olivenöl erhitzen und die Zwiebel darin in einigen Minuten braun braten. Anschließend das Paprikapulver, den Kreuzkümmel sowie das Paprikamark hinzufügen und anrösten. Die fertig gegarten Linsen in eine Schüssel füllen, die Zwiebel-Gewürze-Mischung, den Bulgur, die Minze und das Sumach zugeben und alles vermengen. Kräftig mit Salz und Pfeffer würzen, dann zum Quellen für 15 Minuten beiseitestellen.

Für die Joghurtsauce den Koriander zerstoßen. Den Joghurt mit dem Saft der Zitrone, dem Koriander, etwas Salz und 2–3 EL Wasser glatt rühren. Die Sauce abgedeckt beiseitestellen.

Für die Paprikasauce 1 EL Olivenöl in einer Pfanne erhitzen. Das Paprika- und Tomatenmark mit dem Pul biber darin unter Rühren kurz anschwitzen. Danach 100 ml Wasser hinzufügen, mit Salz und Pfeffer würzen und aufkochen. Anschließend die Sauce beiseitestellen.

Aus der Linsen-Bulgur-Masse kleine Bällchen formen und auf Schälchen verteilen. Mit Joghurt- und Paprikasauce beträufelt anrichten.

Tipp: Für die richtige Konsistenz der Linsenmasse etwas Wasser zugeben, falls sie zu fest und trocken ist. Ist die Masse zu weich, lässt sie sich nicht gut formen, dann etwas Bulgur einstreuen und erneut quellen lassen.

Fattoush
Libanesischer Brotsalat

Für 6–8 kleine Portionen
Zubereitungszeit: 30 Minuten

FÜR DEN SALAT
2 Mini-Romana-Salatherzen
½ Bund Radieschen
2 Minigurken
2 Strauchtomaten
1 rote Zwiebel
2 Frühlingszwiebeln
1 dünnes libanesisches Fladenbrot
3 EL Olivenöl

FÜR DAS DRESSING
1 kleine Knoblauchzehe
3 EL Olivenöl
1 TL Sumach (Gewürz)
Saft von ½ Zitrone
2 EL Granatapfelsirup
Salz

Für den Salat die Salatherzen waschen und in kleine Stücke zupfen. Die Radieschen, die Gurken und die Tomaten waschen und putzen. Die Radieschen sowie die Gurken in Scheiben schneiden und die Tomaten würfeln. Die vorbereiteten Zutaten in einer Schüssel mischen. Die rote Zwiebel abziehen und in feine Spalten schneiden. Die Frühlingszwiebeln waschen, putzen und in feine Ringe schneiden.

Für das Dressing den Knoblauch abziehen und fein reiben. Mit dem Olivenöl, dem Sumach, dem Zitronensaft, dem Granatapfelsirup und 2 Prisen Salz verrühren. Das Dressing zum Salat geben und beides miteinander vermengen.

Das Fladenbrot in Stücke zupfen. Das Olivenöl in einer Pfanne erhitzen und die Brotstücke darin knusprig braten. Danach auf Küchenpapier kurz abtropfen lassen.

Das Fladenbrot, die rote Zwiebel und die Frühlingszwiebeln zum Salat geben. Den Brotsalat frisch servieren.

Tipp: In einigen Supermärkten, vor allem jedoch in den türkischen, findet man in der Gemüseauslage oft kleine feste Gurken mit wenig Kerngehäuse. Die sind schön knackig und passen wunderbar zu diesem Salat. Auch optisch punkten sie als hübsche kleine Scheiben in jedem anderen Salat.

Manakish
Fladenbrot mit Zatar-Öl

Für 8–10 Stück
Zubereitungszeit: 25 Minuten plus
1 Stunde zum Gehenlassen
Backzeit: 6–10 Minuten

FÜR DAS FLADENBROT
500 g Weizenmehl Type 550 plus mehr zum Bearbeiten
½ Pck. Trockenhefe
Salz
1 TL flüssiger Honig
80 ml Olivenöl

FÜR DAS ZATAR-ÖL
100 ml Olivenöl
3 EL Zatar (Gewürzmischung)

Für das Fladenbrot das Mehl mit der Hefe und 1 leicht gehäuften TL Salz in einer Schüssel mischen. 275 ml lauwarmes Wasser mit dem Honig und dem Olivenöl verrühren. Das Gemisch zum Mehl geben und die Zutaten 5 Minuten zu einem glatten, elastischen Teig verkneten. Diesen mit einem feuchten Tuch abgedeckt bei Zimmertemperatur 1 Stunde gehen lassen.

Den Backofen auf 250 °C Ober-/Unterhitze vorheizen. Den Teig auf der leicht bemehlten Arbeitsfläche zu einer Rolle formen, in acht Stücke teilen und diese 5 Minuten ruhen lassen.

Inzwischen für das Zatar-Öl das Olivenöl mit dem Zatar mischen.

Zwei Backbleche mit Backpapier auslegen. Die Teigstücke zu 1 cm dicken Fladen formen und auf den beiden Backblechen verteilen. Den Teig erneut 5 Minuten ruhen lassen. Dann das erste Backblech in den Ofen schieben und die Fladen 3–5 Minuten backen. Anschließend die Teigfladen des zweiten Backblechs ebenso backen.

Die fertig gebackenen Fladenbrote mit dem Zatar-Öl bestreichen und als Beilage zu einer geselligen Tapas- und Mezze-Runde servieren.

Pitákia

Griechische Teigtaschen

Für etwa 30 Stück
Zubereitungszeit: 30 Minuten plus 1 Stunde zum Ruhen
Garzeit: 12–15 Minuten

FÜR DEN TEIG

½ unbehandelte Zitrone
250 g Weizenmehl Type 405 plus mehr zum Bearbeiten
Salz
2 EL Olivenöl

FÜR DIE FÜLLUNG

1 kleine Fenchelknolle
300 g frischer Blattspinat
2 EL Olivenöl
1 Bund Dill
Salz
frisch gemahlener Pfeffer

AUSSERDEM

1 Eigelb
2 EL Milch
Sesamsamen zum Bestreuen

Für den Teig die Zitrone heiß abwaschen, trocken reiben, die Schale fein abreiben und etwas Saft auspressen. Den Zitronenabrieb und 1 EL Zitronensaft mit dem Mehl, 1 gestrichenen TL Salz, dem Olivenöl und 120 ml lauwarmem Wasser in einer Schüssel zu einem glatten, kompakten Teig verkneten. Die Schüssel mit einem Teller abdecken und den Teig bei Zimmertemperatur 1 Stunde ruhen lassen.

Inzwischen für die Füllung den Fenchel waschen, putzen und klein würfeln. Den Spinat waschen, trocken schleudern und grob hacken. Das Olivenöl in einer Pfanne erhitzen und den Fenchel darin 3–4 Minuten anschwitzen. Anschließend den Spinat zugeben und unter Wenden zusammenfallen lassen. Dann den Dill waschen, trocken tupfen, hacken und zugeben. Zuletzt die Füllung mit Salz sowie Pfeffer kräftig würzen und abkühlen lassen.

Den Backofen auf 180 °C Ober-/Unterhitze vorheizen. Ein Backblech mit Backpapier auslegen. Den Teig auf der leicht bemehlten Arbeitsfläche dünn ausrollen und daraus Kreise von 6–8 cm Durchmesser ausstechen. Die Kreise mit je 1 TL Füllung belegen. Teigreste wieder zusammenkneten, erneut ausrollen, ausstechen und füllen. Das Eigelb mit der Milch verrühren und die Teigränder mit einem Teil des Gemischs einstreichen. Die Teigkreise zu Halbmonden zusammenklappen und die Ränder gut zusammendrücken (verschließen).

Die Teigtaschen auf dem Backblech verteilen. Mit dem restlichen Eigelb-Milch-Gemisch bestreichen, mit Sesam bestreuen und im vorgeheizten Backofen im mittleren Bereich 12–15 Minuten backen.

Die fertig gebackenen Teigtaschen sofort servieren. Alternativ vorbacken und kurz vor dem Servieren einige Minuten im heißen Backofen (etwa 160 °C Ober-/Unterhitze, vorgeheizt) aufbacken.

Tipp: Die Teigtaschen können auch im heißen Fett ausgebacken werden. Dafür nicht einstreichen, sondern pur frittieren.

41
FRESH COFFEE
200:230

Mídia achnistá

Miesmuscheln in Weißwein

Für 6–8 kleine Portionen
Zubereitungszeit: 30 Minuten
Garzeit: 8 Minuten

FÜR DIE MIESMUSCHELN

2 Tomaten
1 kg frische Miesmuscheln
4 Knoblauchzehen
3 EL Olivenöl
150 ml trockener Weißwein

AUSSERDEM

Baguette zum Servieren
Zitronenspalten zum Servieren

Für die Miesmuscheln die Tomaten waschen, den Blütenansatz herausschneiden und die Hälften würfeln. Die Muscheln in kaltem Wasser gründlich waschen, dabei bereits geöffnete Muscheln, die sich nicht mehr schließen, und zerbrochene Exemplare aussortieren.

Den Knoblauch abziehen und in Scheiben schneiden. Das Olivenöl in einem ausreichend großen, breiten Topf erhitzen und den Knoblauch darin anschwitzen. Die Muscheln hinzufügen, im Knoblauchöl wenden und nach 1 Minute den Weißwein angießen. Dann die Tomaten zugeben und die Muscheln bei geschlossenem Deckel unter gelegentlichem Rütteln des Topfes 5 Minuten garen.

Anschließend die gegarten Muscheln auf noch geschlossene Exemplare überprüfen und diese aussortieren. Die Muscheln mit dem Sud in einer großen Schale anrichten. Das Baguette in Scheiben schneiden und mit den Zitronenspalten dazu servieren.

Köfte

Lamm-Köfte in Minzbutter

Für 10 kleine Portionen
Zubereitungszeit: 30 Minuten
Garzeit: 15 Minuten

FÜR DIE KÖFTE

2 Knoblauchzehen
1 rote Zwiebel
1 TL Kreuzkümmelsamen
1 TL Koriandersamen
1 TL edelsüßes Paprikapulver
1 TL mildes oder scharfes Pul biber (Paprikaflocken)
500 g Lammhackfleisch (erhältlich beim türkischen Metzger; ersatzweise Rinderhackfleisch)
1 Bund glatte Petersilie
3 EL Semmelbrösel
Salz
frisch gemahlener Pfeffer

FÜR DIE MINZBUTTER

4 Stängel Minze
2 EL Butter

AUSSERDEM

Olivenöl
20 Holzspieße
Fladenbrot zum Servieren

Für die Köfte den Knoblauch sowie die Zwiebel abziehen und beides hacken. 2 EL Olivenöl in einer Pfanne erhitzen und den Knoblauch zusammen mit der Zwiebel darin anschwitzen. Inzwischen den Kreuzkümmel und den Koriander im Mörser zerstoßen. Beides mit dem Paprikapulver und dem Pul biber in die Pfanne geben. Die Gewürze 1 Minute anrösten.

Anschließend das Hackfleisch in eine Schüssel geben und die Masse aus der Pfanne hinzufügen. Die Petersilie waschen, trocken tupfen und hacken. Mit den Semmelbröseln, 1 TL Salz und 2–3 Prisen Pfeffer ebenfalls zugeben und alle Zutaten gründlich vermengen.

Aus der Hackfleischmischung 20 ovale Bällchen formen, je auf einen Holzspieß stecken und gut andrücken. Die Köfte in 2 EL Olivenöl in einer Pfanne rundum braun braten.

Für die Minzbutter die Minze waschen, trocken tupfen und hacken. Mit der Butter zu den Lammköfte geben und diese darin wenden.

Die Lammköfte mit der Minzbutter auf Schalen verteilen und servieren. Fladenbrot dazureichen.

Börek

Knusprige Teigröllchen mit Hackfleisch- und Spinat-Feta-Füllung

Für 12 kleine Portionen
Zubereitungszeit: je Füllungsvariante etwa 30 Minuten
Garzeit: je Füllungsvariante etwa 10 Minuten

FÜR DIE HACKFLEISCHFÜLLUNG
1 Zwiebel
2 Knoblauchzehen
1 Bund Petersilie
2 EL Olivenöl
250 g Rinderhackfleisch
2 EL Bulgur
2 TL Tomatenmark
Salz
1 TL edelsüßes Paprikapulver
1 TL scharfes Pul biber (Paprikaflocken)

FÜR DIE SPINAT-FETA-FÜLLUNG
300 g frischer Spinat
1 Knoblauchzehe
1 EL Olivenöl
Salz
1 Stück Feta (ca. 150 g)
1 TL geröstete Sesamsamen
frisch gemahlener Pfeffer

Für die Hackfleischfüllung die Zwiebel sowie den Knoblauch abziehen und beides hacken. Die Petersilie waschen, trocken tupfen und samt Stielen hacken. Das Olivenöl in einer Pfanne erhitzen und das Hackfleisch darin krümelig braten. Die Zwiebel, den Knoblauch und die Petersilie zugeben und mit dem Hackfleisch zusammen 2–3 Minuten garen.

Anschließend die Pfanne vom Herd nehmen, die Mischung in eine Schüssel umfüllen und mit dem Bulgur, dem Tomatenmark, 1 TL Salz, dem Paprikapulver und dem Pul biber verrühren.

Für die Spinat-Feta-Füllung den Spinat waschen, in einem Sieb abtropfen lassen und grob hacken. Den Knoblauch abziehen und hacken. Das Olivenöl erhitzen und den Knoblauch darin anschwitzen. Den Spinat hinzufügen und unter Wenden zusammenfallen lassen. Die Masse mit Salz würzen und offen trocken einkochen lassen. Dann vom Herd nehmen und lauwarm abkühlen lassen.

Anschließend den Feta in einer Schale mit einer Gabel zerdrücken. Die lauwarme Spinatmasse und den gerösteten Sesam untermischen. Zuletzt die Füllung mit Salz und Pfeffer würzig abschmecken.

Zum Einstreichen der Teigblätter die Milch mit dem Olivenöl verrühren. Ein Teigblatt auf der Arbeitsfläche auslegen und dünn mit der Milch-Öl-Mischung bestreichen. Am unteren breiten Rand 1 EL der jeweiligen Füllung verteilen. Die seitlichen Teigecken einklappen und die Teigblätter bis zur Spitze hin aufrollen. So fortfahren, bis alle Teigblätter gefüllt sind, es sollten zwölf Rollen mit Hackfleischfüllung und zwölf Rollen mit Spinat-Feta-Füllung entstehen.

AUSSERDEM
5–7 EL Milch
5–7 EL Olivenöl
24 dreieckige Filoteigblätter
neutrales Pflanzenöl zum Frittieren
Sesam- oder Schwarzkümmelsamen zum Bestreuen (für die Backofenvariante)

Zum Frittieren Pflanzenöl 5–6 cm hoch in einem Topf erhitzen. Zum Testen der Temperatur ein Holzstäbchen hineinhalten; sobald kleine Bläschen daran aufsteigen, ist das Öl heiß genug. Dann die Teigröllchen jeweils portionsweise im heißen Öl ausbacken. Anschließend auf Küchenpapier abtropfen lassen.

Backofenvariante: Alternativ zum Ausbacken den Backofen verwenden. Dafür die Teigröllchen auf einem Backblech verteilen, mit der Milch-Öl-Mischung (dafür eine etwas größere Menge anrühren) bestreichen. Mit Sesam oder Schwarzkümmel bestreuen und im vorgeheizten Backofen bei 200 °C Ober-/Unterhitze etwa 10–12 Minuten backen.

Tipp: Die Börek können auch vorgebacken und kurz vor dem Servieren im Backofen bei 200 °C etwa 5 Minuten erhitzt werden.

Als Dip passen unter anderem Pimentón-Joghurt (siehe Seite 88) oder Zhug (siehe Seite 82) zu den Börek.

When Tapas meet Mezze

In Sesamöl geröstete Papas arrugadas mit Zhug

Für 6–8 kleine Portionen
Zubereitungszeit: 30 Minuten
Garzeit: 25 Minuten

FÜR DIE PAPAS ARRUGADAS

500 g kleine festkochende Kartoffeln
Meersalz
3 EL geröstetes Sesamöl
1 EL helle Sesamsamen

FÜR DAS ZHUG

1 großes Bund Petersilie
2 Bund Koriander
2–3 grüne Chilischoten
2 Knoblauchzehen
100 ml Olivenöl
Salz

Für die Papas arrugadas die Kartoffeln waschen, knapp mit Wasser bedeckt und mit 2 EL Meersalz gewürzt aufkochen und 20 Minuten garen. Anschließend das Kochwasser der Kartoffeln bis auf einen kleinen Rest abgießen. Dann die übrige Flüssigkeit verkochen lassen, dabei die Kartoffeln immer wieder wenden bzw. rütteln, damit sich rundum eine gleichmäßige Salzkruste bildet.

Für das Zhug die Petersilie und den Koriander waschen, trocken tupfen und beides samt Stielen grob hacken. Die Chilischoten halbieren, entkernen und in Stücke schneiden. Den Knoblauch abziehen. Die vorbereiteten Zutaten für das Zhug in der Küchenmaschine oder in einem hohen Gefäß mit dem Stabmixer zerkleinern. Anschließend das Olivenöl, ½ TL Salz zugeben und alles zu einer homogenen Mischung mixen. Zuletzt nach Bedarf mit Salz nachwürzen.

Die Kartoffeln halbieren. Das Sesamöl in einer Pfanne erhitzen und die Kartoffeln darin in etwa 5 Minuten braun braten. Danach den Sesam darüberstreuen.

Die Kartoffeln in einer Schale anrichten. Das Sesamöl aus der Pfanne darüberträufeln und die Kartoffeln zusammen mit dem Zhug servieren.

Zhug ist eine jemenitische Würzpaste, die vorrangig aus Chili und Koriander zubereitet wird. Längst ist die grüne Paste in der Levante-Küche angekommen und darf somit auch auf einem Mezze-Tisch nicht fehlen. Hier in guter Gesellschaft mit den knusprig gebratenen spanischen Kartoffeln in Salzkruste.

Eingelegte Champignons in Baharat und Granatapfelsirup

Für 6–8 kleine Portionen
Zubereitungszeit: 20 Minuten plus 2–3 Stunden oder über Nacht zum Durchziehen
Garzeit: 6–8 Minuten

FÜR DIE EINGELEGTEN CHAMPIGNONS

500 g kleine Champignons
7 EL Olivenöl
½ Bund Koriander
Salz
frisch gemahlener Pfeffer
2 TL Baharat (Gewürzmischung)
3 EL Granatapfelsirup

AUSSERDEM

Spieße

Für die eingelegten Champignons die Pilze trocken abreiben und putzen. 2 EL Olivenöl in einer Pfanne erhitzen. Die Champignons darin 5 Minuten anbraten. Den Koriander waschen, trocken tupfen und hacken. Die Pilze mit Salz und Pfeffer würzen. Zuletzt den Koriander unterschwenken und die Pfanne vom Herd nehmen.

Das Baharat, den Granatapfelsirup, das restliche Olivenöl (5 EL) und 2 Prisen Salz in einer Schale zu einer Marinade verrühren. Die Champignons auf Spieße stecken, mit einem Teil der Marinade bestreichen und in eine Schale legen. Abgedeckt mindestens 2–3 Stunden oder über Nacht im Kühlschrank durchziehen lassen.

Vor dem Servieren die Pilze bei Zimmertemperatur temperieren lassen. Dann auf einer Platte anrichten. Die übrige Gewürzmarinade zum Dippen dazureichen.

Sherry ist der Inbegriff spanischer Weinkultur und gibt den Champignon-Tapas (siehe Seite 30) ihren typischen Charakter. Ein ebenso feines Zusammenspiel entsteht, wenn die Pilzaromen auf warm-würzige orientalische Gewürze und die Säure des Granatapfels treffen – vortrefflich.

Im Gespräch mit Yossi Elad

Yossi »Papi« Elad zählt zu den absoluten Spitzenköchen Israels. Schon mit sechs Jahren wusste er, dass er einmal Koch werden wollte. 1994 startete er ein Catering-Unternehmen, dem eine Bäckerei und schließlich das erste Restaurant, »Machneyuda«, folgten. Heute führt er insgesamt sieben Restaurants in Israel und London.

Herr Elad, was ist Ihr liebstes Mezze-Gericht? Was braucht es, damit es perfekt ist?

Jalapeño-Gazpacho mit marinierter Makrele und Cherrytomaten. Dazu serviert: scharfe Gewürze und Salzzitronen.

Die Liebe zum Essen hat er von seinem ungarischstämmigen Vater geerbt. Dieser zog nach dem Zweiten Weltkrieg nach Israel und leitete dort ein Seniorenheim, in dem er auch kochte. In der dortigen Küche wurde auch Yossi Elad zum Koch.

Die Kulinarik Israels ist ein Schmelztiegel unterschiedlicher Küchen, dazu gehören unter anderem die Russlands und Osteuropas, aber auch die Küchen Marokkos und der Arabischen Halbinsel. In Israel ist Fusion somit alltäglich.

Herr Elad, welches traditionelle Gericht aus Ihrer Heimat bereiten Sie am liebsten mit eher ungewöhnlichen Zutaten oder Gewürzen zu?

Ungarisches Letscho mit Baharat und Salzzitronen.

Das Motto von Yossi Elad in der Küche:
»Ich koche mit Liebe für Menschen, die ich liebe, Essen, das ich liebe.«

Herr Elad, was gehört bei Ihnen in der Familie unbedingt auf eine Mezze-Tafel?

Mein Taboulé-Kräuter-Salat und eingelegte Sardinen. Generell ist Baba ganoush ein Muss auf jeder Mezze-Tafel.

»Ich koche seit 40 Jahren und werde weiter kochen, solange ich auf meinen Füßen stehen kann. Man sagt: ›Du kannst den Koch aus der Küche nehmen, aber nicht die Küche aus dem Koch.‹«, so seine Worte.

Knusprig gebackene Oliven im Kichererbsenmantel mit Pimentón-Joghurt

Für 6–8 kleine Portionen
Zubereitungszeit: 15 Minuten
Garzeit: 5–8 Minuten

FÜR DIE OLIVEN IM KICHERERBSENMANTEL

16–20 entsteinte große feste Oliven (auch gefüllt mit Mandelkernen oder Knoblauch)
1 Ei
2 EL Milch
ca. 5 EL Kichererbsenmehl
neutrales Speiseöl zum Frittieren

FÜR DEN DIP

1 Knoblauchzehe
200 g stichfester Joghurt (10 % Fettgehalt)
1 Spritzer frisch gepresster Zitronensaft
1 TL Pimentón (geräuchertes Paprikapulver)
Salz

AUSSERDEM

kleine Holzspieße

Für die Oliven im Kichererbsenmantel die Oliven abgießen und trocken tupfen. Das Ei mit der Milch in einer Schale verquirlen. Das Kichererbsenmehl in eine zweiten Schale geben. Zum Frittieren das Öl 3–4 cm hoch in einem Topf erhitzen. Zum Testen der Temperatur ein Holzstäbchen hineinhalten; sobald kleine Bläschen daran aufsteigen, ist das Öl heiß genug.

Zum Panieren die Oliven zunächst im Kichererbsenmehl wenden, dann durch das Ei-Milch-Gemisch ziehen und anschließend erneut im Kichererbsenmehl wenden. Ein zweites Mal im Ei-Milch-Gemisch wenden und zuletzt im Kichererbsenmehl panieren.

Die Oliven portionsweise im heißen Öl goldbraun und knusprig ausbacken.

Für den Dip den Knoblauch abziehen und zum Joghurt reiben. Mit einem Spritzer Zitronensaft, dem Pimentón und etwas Salz verrühren.

Kleine Holzspieße in die Oliven stechen und alles mit dem Dip servieren.

Gefüllte Datteln mit Sumach-Ziegenkäse und getrockneter Minze

Für 20 Stück
Zubereitungszeit: 15 Minuten
Garzeit: 15 Minuten

FÜR DIE GEFÜLLTEN DATTELN
100 g Ziegenfrischkäse
1 TL Sumach (Gewürz)
1 TL getrocknete Minze
20 entsteinte Medjool-Datteln
20 Scheiben Bacon
1 EL Olivenöl nach Bedarf

AUSSERDEM
frische Minze zum Garnieren
Holzspieße

Für die gefüllten Datteln den Ziegenkäse mit Sumach und der getrockneten Minze mit einer Gabel vermengen. In jede Dattel etwas von der Ziegenfrischkäsemasse füllen und die Frucht darüber zusammenklappen. Jede Dattel mit einer Scheibe Bacon umwickeln.

Die Datteln in einer Pfanne rundum goldbraun und knusprig braten. Bei Bedarf etwas Öl zum Braten in die Pfanne geben.

Zum Servieren die Datteln auf einer Platte anrichten und mit Minze garnieren. Ein kleines Gläschen mit Spießen dazustellen.

Tipp: Medjool-Datteln sind besonders groß, weich und bestechen durch ihre feine Honignote. Ersatzweise eignen sich auch die normalen kleinen Datteln. Dafür die Baconscheiben halbieren und jede Dattel mit einer halben Scheibe umwickeln.

Escalivada mit Perlcouscous

Für 6–8 kleine Portionen
Zubereitungszeit: 30 Minuten
Garzeit: 15–20 Minuten

FÜR DIE ESCALIVADA
2 rote Paprikaschoten
2 gelbe Paprikaschoten
2 Auberginen
1 Gemüsezwiebel
3 EL Olivenöl plus 6 EL mehr für den Perlcouscous und das Gewürzöl
Salz
1 TL getrockneter Thymian

AUSSERDEM
150 g Perlcouscous
6–8 Stängel Petersilie
½ Bund Koriander
Salz
frisch gemahlener Pfeffer
1 TL Koriandersamen
2 TL Pul biber (Paprikaflocken)
1 TL Baharat (Gewürzmischung)
Saft von 1 Zitrone
Holzspieß

Für die Escalivada den Grill auf etwa 250 °C direkte Temperatur vorheizen. (Alternativ den Backofengrill auf 250 °C vorheizen.)

Die Paprika und Auberginen waschen. Die Paprika entkernen und zwischen den Trennwänden zerteilen. Die Auberginen in dicke Scheiben schneiden. Die Zwiebel abziehen, vierteln und mit einem Holzspieß feststecken, damit die Viertel später beim Grillen nicht auseinanderblättern. Das Gemüse in einer Schüssel mit 3 EL Olivenöl, ½ TL Salz und dem Thymian marinieren. Dann auf dem heißen Grillrost auslegen und von beiden Seiten mehrere Minuten grillen (alternativ im Backofen).

Den Perlcouscous nach Packungsanleitung garen. Die Petersilie und den Koriander waschen, trocken tupfen und grob hacken. Das gegrillte Gemüse in eine Schale legen, mit einem feuchten Tuch abdecken und 10–15 Minuten ruhen lassen. 2 EL Olivenöl in einer Pfanne erhitzen und den Perlcouscous darin einige Minuten braten. Danach mit Salz und Pfeffer würzen.

Die Paprika häuten. Paprika und Auberginen in mundgerechte Stücke schneiden. Das gesamte Gemüse auf einer Platte anrichten. Den Perlcouscous darüber verteilen. 4 EL Olivenöl in einer Pfanne erhitzen. Den Koriander zerstoßen und zusammen mit Pul biber und Baharat darin anrösten. Zum Anrichten zunächst den Zitronensaft, dann das Gewürzöl über den Perlcouscous auf dem Gemüse träufeln. Die frischen Kräuter darüberstreuen, alles mit Salz und Pfeffer würzen und servieren.

Katalonisches Grillgemüse, das sein rauchiges Aroma vom Garen über Holzkohle bekommt, trifft hier auf eine orientalische Pastavariante, den Perlcouscous. Hartweizen und Wasser werden dafür zu kleinen Kugeln geformt. Diesem und vielen anderen Gerichten verleihen sie einen feinen Biss.

כל בישול טוב צריך

Wassermelonen-Gazpacho mit Rosenwasser

Für etwa 12 kleine Portionen
Zubereitungszeit: 25 Minuten plus 2–3 Stunden zum Durchziehen

1 kühlschrankkalte Wassermelone
2 Tomaten
1 kleine Salatgurke
1 Schalotte
1 Knoblauchzehe
3 Stängel Minze
1 kleine Chilischote
Salz
Saft von 1 Zitrone
2 Scheiben altbackenes Weißbrot
einige Tropfen Rosenwasser zum Abschmecken
Zucker zum Abschmecken
1 TL Schwarzkümmelsamen

Die Wassermelone halbieren, das Fruchtfleisch aus der Schale lösen und in grobe Stücke schneiden. Die Tomaten waschen, den Blütenansatz entfernen und die Hälften vierteln. Die Gurke waschen, schälen und in Stücke schneiden. Die Schalotte und den Knoblauch abziehen und halbieren. Die Minze waschen, die Blätter abzupfen und die Stiele aufbewahren. Die Chilischote waschen und in Ringe schneiden.

Wassermelone, Tomaten, Gurke, Schalotte, Knoblauch, Minzstiele, 2 Prisen Salz und den Zitronensaft in einer Schüssel vermengen. Das Brot klein zupfen, zugeben und die Mischung abgedeckt 2–3 Stunden im Kühlschrank durchziehen lassen.

Anschließend die Minzstiele entfernen und die Mischung im Standmixer auf höchster Stufe pürieren. Mit Rosenwasser, Salz und Zucker abschmecken.

Die Suppe auf Gläser verteilen. Mit den Chiliringen, dem Schwarzkümmel sowie den Minzblättern garnieren und gut gekühlt servieren.

Erfrischend, würzig und mit dem besonderen Duft der Rosen erfreut die typische kalte Sommersuppe aus Spanien. Rosenwasser immer behutsam einsetzen.

Fattayer mit Paprika, Mandeln und Manchego

Für etwa 30 Stück
Zubereitungszeit: 30 Minuten plus 1 Stunde zum Gehenlassen
Backzeit: etwa 15 Minuten

FÜR DEN TEIG

300 g Weizenmehl Type 550 plus mehr zum Bearbeiten
½ Pck. Trockenhefe
Salz
75 ml Milch plus 2 EL mehr zum Bestreichen
3 EL Olivenöl plus 2 EL mehr zum Bestreichen

FÜR DIE FÜLLUNG

1 Knoblauchzehe
2 rote Paprikaschoten
50 g ungeschälte Mandelkerne
2 EL Olivenöl
1 Bund Petersilie
100 g Manchego (Käse)
Salz
frisch gemahlener Pfeffer
½ TL Kreuzkümmelpulver
1 Msp. Gewürznelkenpulver

Für den Teig das Mehl mit Trockenhefe und 1 TL Salz in einer Schüssel mischen. Die Milch mit 100 ml heißem Wasser verrühren und zum Mehl geben. Das Olivenöl hinzufügen und alle Zutaten in 5 Minuten zu einem glatten, elastischen Teig verkneten. Diesen abgedeckt bei Zimmertemperatur 1 Stunde gehen lassen.

Für die Füllung den Knoblauch abziehen und hacken. Die Paprikaschoten waschen, halbieren, Samen sowie Scheidewände heraustrennen und das Fruchtfleisch fein würfeln. Die Mandeln klein hacken. Das Olivenöl in einer Pfanne erhitzen und die Mandeln darin anrösten. Die Paprika sowie den Knoblauch hinzufügen und zusammen unter Rühren 5 Minuten anschwitzen. Die Petersilie waschen, trocken tupfen und fein hacken. Unter das Gemüse mischen und die Masse abkühlen lassen. Anschließend den Manchego dazureiben. Zuletzt die Füllung mit Salz, Pfeffer, Kreuzkümmel und Nelken würzen.

Den Backofen auf 180 °C Ober-/Unterhitze vorheizen.

Den Teig auf einer leicht bemehlten Arbeitsfläche dünn ausrollen und daraus Kreise mit 6–8 cm Durchmesser ausstechen. Auf jeden Kreis 1 TL Füllung geben. Die Teigränder an drei Seiten zusammenfassen und über der Füllung verschließen. Es entsteht das typische Dreieck auf der Oberseite. Für eine zweite Variante die Teigkreise länglich leicht auseinanderziehen, mit Füllung belegen und nur die Spitzen zusammendrücken. Die Fatayer auf einem mit Backpapier ausgelegten Backblech verteilen. So fortfahren, bis der Teig und die Füllung aufgebraucht sind.

Zum Bestreichen 2 EL Milch mit 2 EL Olivenöl verrühren. Die Teigtaschen mit der Mischung bestreichen und im vorgeheizten Backofen im mittleren Bereich in etwa 15 Minuten goldbraun backen.

Anschließend auf einer Platte verteilen und frisch gebacken servieren.

Teigtaschen sind auf der ganzen Welt zu Hause – diese würzigen Hefeteigexemplare stammen aus der levantischen Küche und sind, statt mit Spinat oder Hackfleisch, mit typisch spanischen Zutaten gefüllt. Eine gelungene Symbiose, wie ich finde.

Kichererbsen-Churros mit Labneh-Zhug-Dip

Für 6–8 kleine Portionen
Zubereitungszeit: 30 Minuten
Garzeit: 10 Minuten

FÜR DIE CHURROS
75 g Butter
Salz
100 g Kichererbsenmehl
200 g Weizenmehl Type 405
3 Eier
ca. 1 l Pflanzenöl zum Frittieren

FÜR DEN DIP
3 EL Labneh (Rezept siehe Seite 60; ersatzweise 200 g griechischer Joghurt)
2 EL Zhug (Rezept siehe Seite 82)
1 Spritzer frisch gepresster Zitronensaft
Salz

AUSSERDEM
Spritzbeutel mit großer Lochtülle

Für die Churros 450 ml Wasser mit der Butter und 1 Prise Salz in einem Topf zum Kochen bringen. Beide Mehle hinzufügen, einrühren und den kompakten Teig mit einem Holzlöffel so lange rühren, bis sich am Topfboden ein weißer Belag gebildet hat. Den Topf vom Herd nehmen und den Teig 5 Minuten abkühlen lassen. Dann die Eier einzeln zugeben und jeweils 1 Minute lang unterrühren, bis der Teig glatt ist und glänzt. Den Brandteig in einen Spritzbeutel mit großer Lochtülle füllen.

Zum Frittieren Pflanzenöl etwa 5 cm hoch in einen Topf geben und auf etwa 160–170 °C erhitzen. Den Brandteig in das heiße Öl spritzen, dabei entweder längere Stränge formen oder den Teig jeweils nach etwa 10 cm abschneiden. Die Teigstücke in etwa 2 Minuten goldbraun und knusprig zu Churros ausbacken, dabei zwischendurch wenden. Anschließend auf Küchenpapier abtropfen lassen.

Für den Dip das Labneh mit dem Zhug glatt rühren. Mit einem Spritzer Zitronensaft und etwas Salz würzen.

Die Churros zusammen mit dem Dip servieren.

Knusprig heiße Churros wie in Spanien dürfen natürlich bei einer Tapas- oder Mezze-Runde nicht fehlen. Hier in einer nicht süßen, aber besonders knusprigen Variante. In Kombination mit Labneh und Zhug einfach unwiderstehlich.

Spanischer Fattoush

Für 6–8 kleine Portionen
Zubereitungszeit: 20 Minuten
Garzeit: 5 Minuten

FÜR DEN SALAT

300 g Pimientos de padron (kleine Bratpaprika)
4 EL Olivenöl
Meersalz
2 libanesische Fladenbrote
6–8 kleine entsteinte Datteln
3 kleine Gurken
4 Frühlingszwiebeln

FÜR DAS DRESSING

1 EL Sherryessig
2 EL frisch gepresster Zitronensaft
1 EL flüssiger Honig
4 EL Olivenöl
1 TL getrockneter Thymian
Salz
frisch gemahlener Pfeffer
3 Stängel Petersilie
3 Stängel Dill

Für den Salat die Pimientos waschen, trocken tupfen und der Länge nach halbieren. Die Kerne herauslösen und die Hälften halbieren. 2 EL Olivenöl in einer Pfanne erhitzen und die Pimientos darin bei hoher Temperatur kurz scharf anbraten. Mit 1 guten Prise Meersalz würzen und in eine Schüssel geben.

Die Fladenbrote in kleine Stücke schneiden oder zupfen und in derselben Pfanne im übrigen Olivenöl knusprig braten. Inzwischen die Datteln in Scheiben schneiden. Die Gurken waschen, der Länge nach vierteln und in dünne Scheiben schneiden. Die Frühlingszwiebeln waschen, putzen und in Ringe schneiden. Alles zu den Pimientos in die Schüssel geben.

Für das Dressing den Sherryessig, den Zitronensaft, den Honig, das Olivenöl, den Thymian, 2–3 Prisen Salz und etwas Pfeffer verrühren. Die Petersilie und den Dill waschen, trocken tupfen und hacken. Das Dressing zum Salat geben und vermengen.

In Schalen anrichten und mit den Kräutern bestreut servieren.

Im libanesischen Brotsalat Fattoush ergänzen hier die Pimientos de padron allerlei Aromen. Das Highlight sind natürlich die knusprigen Fladenbrote.

Pintxos mit gerösteten Auberginen und Queso fresco

Für 6–8 kleine Portionen
Zubereitungszeit: 30 Minuten plus 30 Minuten zum Ziehen
Garzeit: 10 Minuten

- 1 Aubergine
- 5 EL Olivenöl zum Braten plus mehr zum Beträufeln
- Salz
- frisch gemahlener Pfeffer
- 1 TL Baharat (Gewürzmischung)
- 1 TL flüssiger Honig
- 1 Baguette
- 1 Queso fresco (weicher Schnittkäse; ca. 150 g)
- 2 EL Salzmandeln
- 3 Zweige Thymian

Die Aubergine waschen, die Enden abschneiden und die Frucht in kleine Würfel schneiden. In eine Pfanne geben, mit 2 EL Olivenöl beträufeln und unter gelegentlichem Wenden braun braten. Dann die Auberginen mit Salz und Pfeffer würzen und in eine Schale umfüllen. Das Baharat, den Honig, 2 Prisen Salz und 3 EL Olivenöl in einer Schale verrühren und die Auberginen damit marinieren. Abgedeckt 30 Minuten ziehen lassen.

Das Baguette in Scheiben schneiden, mit etwas Olivenöl beträufeln und in einer Pfanne beidseitig anrösten.

Die Baguettescheiben auf einer Platte verteilen. Den Queso fresco in kleine Stücke teilen und auf den Baguettescheiben verteilen. Die Auberginenwürfel daraufgeben. Die Salzmandeln hacken, darüberstreuen und mit Olivenöl beträufeln. Zuletzt den Thymian waschen, trocken tupfen und die Blätter abzupfen. Die Brote damit bestreuen und servieren.

Tipp: Queso fresco oder Queso blanco, weißer Käse genannt, ist ein nicht gereifter, weicher und milder Schnittkäse, meist aus Kuhmilch. In Südamerika, Portugal und Spanien ist er landestypisch. Unter dieser Bezeichnung erhält man, je nach Region, unterschiedliche Produkte, die eines gemein haben: Der Käse ist weiß und ungereift. Da er hierzulande eher schwer zu bekommen ist, greifen Sie zum Beispiel auf festere Frischkäse aus der Käsetheke zurück. Geschmacklich passen auch Sorten aus Schafs- oder Ziegenmilch. Sie können Queso fresco aber auch selbst herstellen (Seite 130).

Tortilla mit Artischocken, Spinat, Pinienkernen und Sumach-Zwiebeln

Für 10–12 kleine Portionen
Zubereitungszeit: 30 Minuten
Garzeit: 20 Minuten

FÜR DIE SUMACH-ZWIEBELN
2 rote Zwiebeln
2 TL Sumach (Gewürz)
1 TL flüssiger Honig
2 EL Weißweinessig

FÜR DIE TORTILLA
3 kleine Artischocken
Saft von ½ Zitrone
3 EL Olivenöl
250 g junger Spinat
2 Knoblauchzehen
½ TL Anissamen
Salz
8 Eier
2 EL Pinienkerne

Für die Sumach-Zwiebeln die Zwiebeln abziehen, halbieren und in dünne Spalten schneiden. Die Zwiebeln mit dem Sumach, dem Honig und dem Essig in ein Schraubglas geben. Das Glas verschließen und mehrfach schütteln. Zum Marinieren beiseitestellen.

Für die Tortilla die Artischocken putzen, dafür die äußeren Blattreihen abreißen und die übrigen Blätter in der Mitte abschneiden. Das Stroh mit einem Esslöffel auskratzen und den Stiel dünn abschälen. Die Artischocken mit dem Zitronensaft einreiben. Die übrigen beiden Artischocken ebenso vorbereiten und alles dann in Scheiben schneiden. Das Olivenöl in einer Pfanne erhitzen und die Scheiben darin in 3–4 Minuten braun anbraten. Inzwischen den Spinat waschen und trocken schütteln. Den Knoblauch abziehen und in Scheiben schneiden. Den Spinat, den Knoblauch und die Anissamen zu den Artischocken geben. Die Gemüsemischung 5 Minuten anschwitzen. Danach mit Salz würzen.

Die Eier in einer Schüssel verquirlen und zum Gemüse geben. Die Pinienkerne darüberstreuen. Die Tortilla abgedeckt bei niedriger Temperatur 10–15 Minuten garen, bis das Ei gestockt und die Unterseite goldbraun gebacken ist. Dann die Tortilla auf einen großen Teller gleiten lassen, die Pfanne kopfüber daraufsetzen, alles wenden und die Tortilla auf der zweiten Seite ebenfalls goldbraun braten.

Anschließend die Tortilla erkalten lassen. In Stücke schneiden, auf einer Platte anrichten, mit den Sumach-Zwiebeln belegen und servieren.

Tortilla als Klassiker unter den spanischen Tapas ist ein idealer Begleiter für zahlreiche Aromen. Artischocken, Spinat und Pinienkerne ergänzen sich optimal mit ihrem kräftigen Geschmack. Die säuerlichen Zwiebeln sind eine spannende Ergänzung zur Tortilla.

Croquetas mit Knoblauch, Schwarzkümmel und Sumach

Für etwa 30 Stück
Zubereitungszeit: 30 Minuten plus über Nacht zum Durchkühlen
Garzeit: 30 Minuten

1 Gemüsezwiebel
4 Knoblauchzehen
50 g Butter
120 g Weizenmehl Type 405
500 ml Milch
Salz
1 TL Schwarzkümmelsamen
2 TL Sumach (Gewürz)
ca. 150 g feine Semmelbrösel
2 Eier
2 EL Milch
neutrales Pflanzenöl zum Frittieren (ca. 500 ml)

Die Zwiebel und den Knoblauch abziehen und beides würfeln. Die Butter in einem Topf erhitzen und Zwiebel zusammen mit dem Knoblauch darin goldbraun anschwitzen und leicht karamellisieren. Dann 50 g Mehl zugeben, unterrühren und hell anschwitzen. Den Topf vom Herd nehmen. Die Milch nach und nach hinzufügen, dabei stetig rühren, damit die Mischung glatt wird. Den Topf wieder auf die Herdplatte stellen und die Mischung bei mittlerer Temperatur unter Rühren 10 Minuten kochen lassen. Danach 1 TL Salz, den Schwarzkümmel sowie das Sumach unterrühren. Die entstandende Béchamelmasse in eine flache Schale geben. Ein Stück Frischhaltefolie direkt auf die Oberfläche legen und andrücken, so bildet sich keine Haut. Die Masse abkühlen lassen und anschließend im Kühlschrank über Nacht gut durchkühlen lassen.

Am nächsten Tag die Masse in Würfel schneiden oder mit einem Teelöffel davon Portionen abstechen und mit den Händen zu Croqueta-Würfeln formen. Die Semmelbrösel in eine Schale geben. Die Eier mit der Milch in einer zweiten Schale verquirlen. Das restliche Mehl (70 g) ebenfalls in einer Schale bereitstellen. Die Croquetas zunächst im Mehl wenden, danach durch das Ei ziehen und zuletzt in den Semmelbröseln wenden. Die Croquetas besonders gründlich panieren, damit die Béchamelmasse später beim Frittieren nicht ausläuft. Bei Bedarf das Panieren wiederholen, dabei das Mehlieren weglassen.

Zum Frittieren Pflanzenöl 4–5 cm hoch in einem kleinen Topf erhitzen. Die fertig panierten Croquetas im heißen Öl schwimmend ausbacken, bis sie goldbraun und knusprig sind. Anschließend auf Küchenpapier abtropfen lassen und möglichst sofort genießen.

Tipp: Etwas Granatapfelsirup und Ajvar zum Dippen anbieten. Die Süße des Granatapfels und die leicht bittere, aber fruchtige Paprikanote im Ajvar passen perfekt zu den würzigen Croquetas.

Migas levante

Geröstetes Brot mit Blumenkohl und Granatapfel

Für 6–8 kleine Portionen
Zubereitungszeit: 20 Minuten
Garzeit: 10 Minuten

1 Pide oder anderes Fladenbrot (altbacken)
1 kleiner Blumenkohl
5 EL Olivenöl
2 TL Baharat (Gewürzmischung)
Salz
3 EL Pistazienkerne
3 Frühlingszwiebeln
Kerne von ½ Granatapfel
½ Bund Dill
Saft von ½ Zitrone

Das Brot in kleine Stücke zerzupfen und in einer Schüssel nach und nach mit Wasser beträufeln, bis die Stücke gut durchfeuchtet, aber nicht nass sind. Das Brot zum Durchziehen beiseitestellen.

Inzwischen den Blumenkohl waschen und in kleine Röschen teilen. Dickere Stücke und den Strunk klein schneiden. Den Blumenkohl in einer Schale mit 2 EL Olivenöl und dem Baharat marinieren. Eine Pfanne erhitzen und den Blumenkohl darin mehrere Minuten braun und bissfest braten. Anschließend mit Salz würzen, in eine Schüssel umfüllen und lauwarm abkühlen lassen. Die Pistazien nicht zu klein hacken. Die Frühlingszwiebeln waschen, putzen und in Ringe schneiden. Beides mit den Granatapfelkernen zum Blumenkohl in die Schüssel geben.

Die Brotstücke in derselben Pfanne im restlichen Olivenöl (3 EL) knusprig braun braten. Den Dill waschen, trocken tupfen und hacken. Zuletzt das Brot zur Blumenkohlmischung geben, alles mit dem Zitronensaft beträufeln und gründlich vermengen.

Die Migas in Schalen anrichten und mit dem Dill bestreut servieren.

Migas ist ein spanisches Hirtengericht, das, wie so vieles, aus der Not heraus entstanden ist. Die Hirten hatten Brot und Wurst mit auf ihren Routen. Irgendwann wurde das Brot hart. Dan griffen die Hirten auf Wasser und Fett zurück, um das Brot noch verwerten zu können. Altes Brot aufzubrauchen, ist auch in der heutigen Zeit zeitgemäß. Zusammen mit Blumenkohl und den orientalischen Gewürzen interpretiere ich es hier orientalisch und modern.

Im Gespräch mit Rafik Halabi

Rafik Halabi ist Foodblogger, Rezeptentwickler, Foodstylist sowie Fotograf und Videograf. Er bloggt seit 2016 auf bistrobadia.de Rezepte und Geschichten aus der Levante und seiner Familie. In Beirut geboren und in der Lüneburger Heide aufgewachsen, werkelt er nun in seiner Wahlheimat Düsseldorf an neuen Rezeptideen für sich und seine Kunden. Seinen Foodblog benannte er nach seiner Mutter Badia, die ihn mit ihrer Leidenschaft für Kochen und gutes Essen inspirierte. Rafik stellt auf seinem Blog aber nicht nur die klassischen Rezepte der Familie vor, sondern blickt auch gerne über den Tellerrand und experimentiert viel mit den Zutaten und Aromen der Levante, um köstliche neue Variationen zu schaffen. Rafik arbeitet außerdem derzeit an seinem ersten Kochbuch.

Herr Halabi, was gehört bei Ihnen in der Familie unbedingt auf eine Mezze-Tafel?

Bei uns ist eigentlich immer Mezze! Neben Olivenöl mit Zatar, Labneh, Hummus und Baba ghanoush gehört frisch gebackenes Fladenbrot unbedingt mit auf jede Mezze-Tafel. Zur Mezze gehört für mich auch, mit den Händen bzw. mit dem Fladenbrot zu essen – sich ein Stück Fladenbrot schnappen und damit einfach nach Herzenslust wickeln und dippen.

Welche Zutaten und Gewürze dürfen auf keinen Fall in der Levante-Küche fehlen, damit es authentisch schmeckt?

Die Küche der Levante steckt voller fantastischer Zutaten und Gewürze. Da fällt mir eine Auswahl wirklich schwer. Ich denke, das würde den Geschmack der levantinischen Küche auch zu verkürzt darstellen – aber, um es dennoch zu versuchen: Es sind meistens sehr bodenständige Zutaten, wie zum Beispiel viel frisches Gemüse, Hülsenfrüchte und Olivenöl, die in Kombination mit kräftigen Röstaromen, Säure und der Frische von Kräutern sowie der nussigen Note von Tahini eine Geschmacksexplosion ergeben. Für mich dürfen frische Kräuter wie Petersilie und Minze auf keinen Fall fehlen. Sei es in Salaten oder zum Verfeinern und Toppen von Mezze sowie Hauptgerichten. Aber auch der Duft von Gewürzen wie Zimt, Nelken oder Piment versetzt mich immer wieder in die Küche meiner Mutter. Eine der wohl bekanntesten Gewürzmischungen der Levante ist Zatar. Wenn beispielsweise gerade frische Manakish mit Zatar im Ofen gebacken werden, ist das für mich persönlich der Duft der Levante!

Was ist Ihr liebstes Mezze-Gericht? Was braucht es, damit es perfekt ist?

Oha! Darf ich mich wirklich nur für ein einziges Gericht entscheiden? Das wirklich Besondere an Mezze ist ja, dass man immer eine größere Auswahl hat und nach Belieben hier und da sogar kombinieren kann. Aber ich gebe zu: Ich wäre sehr irritiert, wenn kein cremiges Hummus auf dem Tisch stehen würde. Das Geheimnis für das perfekte Hummus ist richtig gutes und viel Tahini!

Welches traditionelle Gericht der Levante-Küche bereiten Sie oft mit eher ungewöhnlichen Zutaten oder Gewürzen zu?

Tatsächlich experimentiere ich auf meinem Foodblog viel mit klassischen Gerichten. Entweder dekonstruiere ich sie oder mache eine Art Fusion. Mein neuestes »Opfer« ist Perlcouscous aka Moghrabieh. Wenn man im Libanon Moghrabieh sagt, ist in der Regel ein klassischer Eintopf mit dem Riesencouscous und Hähnchen gemeint. Aber da geht mehr! Mit der wohl kleinsten Pasta der Welt kann man allerhand kreative Gerichte zaubern – ja sogar Desserts ;)

Coca orientalisch

Für etwa 8–12 kleine Portionen
Zubereitungszeit: 45 Minuten plus 45 Minuten zum Gehenlassen
Backzeit: 20 Minuten

FÜR DEN TEIG
350 g Weizenmehl Type 550
1 TL Salz
1 geh. TL Trockenhefe
75 ml Olivenöl plus 1 TL mehr zum Einstreichen

FÜR DEN BELAG
1 Aubergine
2 EL Olivenöl
Salz
½ TL Zimtpulver
2 TL Berberitzen
1 Gemüsezwiebel
2 TL Butter
frisch gemahlener Pfeffer
2 getrocknete Feigen
1 Ochsenherztomate
2 TL Zatar (Gewürzmischung)

AUSSERDEM
Olivenöl für das Backblech plus 1 EL mehr zum Beträufeln
½ Salzzitrone

Für den Teig das Mehl mit dem Salz und der Trockenhefe in einer Schüssel mischen. 200 ml lauwarmes Wasser und das Olivenöl zum Mehl geben und die Zutaten 5 Minuten auf kleiner Stufe in der Küchenmaschine oder mit den Händen verkneten. Den Teig mit 1 TL Olivenöl einstreichen und abgedeckt bei Zimmertemperatur 45 Minuten gehen lassen.

Für eine Belagvariante der Coca-Böden die Aubergine waschen, die Enden abschneiden und das Fruchtfleisch würfeln. Das Olivenöl in einer Pfanne erhitzen und die Aubergine darin braun anbraten. Mit Salz und Zimt würzen und die Berberitzen untermischen.

Für eine weitere Belagvariante die Zwiebel abziehen, in dünne Spalten schneiden. Butter in einer Pfanne erhitzen und die Spalten darin braun braten und karamellisieren. Mit Salz und Pfeffer würzen. Die Feigen klein würfeln und zu der Zwiebel geben.

Den Backofen auf 220 °C Ober-/Unterhitze vorheizen. Ein Backblech einölen. Den Teig darauf auf die gesamte Größe des Blechs ausziehen und mit einem Teigrad längs in drei Streifen schneiden.

Die Tomate waschen, den Blütenansatz herausschneiden und das Fruchtfleisch in Scheiben schneiden. Die Tomatenscheiben auf einem Teigstreifen auslegen, mit Zatar bestreuen und mit 1 EL Olivenöl beträufeln. Den zweiten Teigstreifen mit der Zwiebel-Feigen-Mischung belegen. Den letzten Teigstreifen mit der Auberginenmasse bedecken. Die Coca im vorgeheizten Backofen im mittleren Bereich 20 Minuten backen.

Anschließend die Salzzitrone in dünne Streifen schneiden und auf den Tomatenscheiben verteilen. Alle Coca in Streifen schneiden und servieren.

Knusprig weiche Teigfladen, denen allerlei Gemüse und Zutaten aus dem Orient die Aromen von Tausendundeine Nacht verleihen.

Röstbrot mit Kardamom-Tomaten, Feigen und Pinienkernen

Für 6–8 kleine Portionen
Zubereitungszeit: 20 Minuten

1 Baguette
Olivenöl
1 EL Pinienkerne
1 EL flüssiger Honig
2 frische Feigen
2 Fleischtomaten
3 grüne Kardamomkapseln
3 Zweige Thymian
Salz
frisch gemahlener Pfeffer

Das Baguette in Scheiben schneiden und von beiden Seiten mit Öl beträufeln. Die Scheiben in einer Pfanne von beiden Seiten anrösten. Anschließend auf einer Platte auslegen. Die Pinienkerne in derselben Pfanne unter Wenden bei mittlerer Temperatur goldbraun anrösten. Den Honig zugeben, kurz erwärmen und die Pinienkerne samt Honig umfüllen. Die Feigen waschen, in Scheiben schneiden und in derselben Pfanne kurz anbraten. Die Pfanne beiseitestellen.

Inzwischen die Tomaten waschen, den Blütenansatz herausschneiden und die Hälften auf der groben Seite der Gemüsereibe raspeln. Die Schalenreste aussortieren. Die Samen des Kardamoms aus den Hülsen lösen und im Mörser zerstoßen. Die Tomaten auf dem Röstbrot verteilen, mit Kardamom bestreuen und die Feigen auflegen. Zuletzt die Honig-Pinienkerne-Mischung darauf verteilen. Den Thymian waschen, trocken tupfen und die Blätter abzupfen. Das Röstbrot mit dem Thymian sowie etwas Salz und Pfeffer bestreut servieren.

Armenischer Salat mit marinierten Calamari

Für 6–8 kleine Portionen
Zubereitungszeit: 20 Minuten
Garzeit: 6 Minuten

FÜR DIE MARINIERTEN CALAMARI

300 g küchenfertige Calamari (kleine Tintenfische)
2 EL Olivenöl
1 unbehandelte Zitrone
1 TL Baharat (Gewürzmischung)

FÜR DEN SALAT

1 Kopfsalat
1 Salatgurke
200 g Kirschtomaten

FÜR DAS DRESSING

1 Knoblauchzehe
Saft von 1 Zitrone
½ TL mildes Pul biber (Paprikaflocken)
½ TL Kreuzkümmelpulver
1 geh. TL getrocknete Minze
2 Prisen Zucker
5 EL Olivenöl

AUSSERDEM

Salz
frisch gemahlener Pfeffer

Für die marinierten Calamari die Calamari putzen. Dafür den Kopf und das Rückgrat aus den Tuben (Körper) ziehen. Die Fangarme über den Augen abschneiden. Die Augen wegwerfen. Alle Teile gründlich waschen. Anschließend trocken tupfen und in mundgerechte Stücke schneiden. Eine Pfanne bei hoher Temperatur vorheizen. Das Olivenöl hineingeben und die Calamari darin unter Wenden 2 Minuten scharf anbraten. Anschließend in eine Schale umfüllen. Die Zitrone heiß abwaschen, trocken reiben und die Schale abreiben. Die Calamari mit dem Baharat, Salz, Pfeffer und etwas Zitronenabrieb marinieren.

Für den Salat den Kopfsalat putzen, waschen, gründlich trocken schleudern und die Blätter klein zupfen. Die Gurke und die Tomaten waschen. Die Kirschtomaten halbieren und den Blütenansatz herausschneiden. Die Gurke sehr klein würfeln und in einer Schüssel mit dem Kopfsalat und den Tomaten beiseitestellen.

Für das Dressing den Knoblauch abziehen und fein reiben. 3 EL Zitronensaft, Knoblauch, Pul biber, Kreuzkümmel, Minze, je 2 Prisen Salz und Zucker und das Olivenöl in ein Schaubglas geben. Den Deckel aufschrauben und das Glas kräftig schütteln.

Den Salat mit dem Dressing marinieren, mit den Calamari in Schalen anrichten und servieren.

Tortillitas de camarones mit Linsen und Salzzitrone

Für 6–8 kleine Portionen
Zubereitungszeit: 25 Minuten plus 30 Minuten zum Ruhen
Garzeit: 10 Minuten

50 g getrocknet gelbe oder rote Linsen
Salz
120 g Weizenmehl Type 405
100 g Kichererbsenmehl
3 Frühlingszwiebeln
5 Stängel Petersilie
100 g gepulte Krabben (Nordseekrabben oder Shrimps)
1 Salzzitrone
Olivenöl zum Braten
Pul biber (Paprikaflocken) zum Bestreuen

Die Linsen in einem Sieb abspülen und mit der dreifachen Menge Wasser mit 1 Prise Salz zum Kochen bringen. In etwa 8 Minuten bissfest garen, anschließend abgießen und abkühlen lassen.

Das Mehl mit dem Kichererbsenmehl, 2 Prisen Salz und 300 ml kaltem Wasser zu einem glatten Teig rühren. Die Frühlingszwiebeln waschen, putzen und in Ringe schneiden. Die Petersilie waschen, trocken tupfen, Blätter und Stiele hacken. Die Frühlingszwiebeln und die Petersilie unter den Teig rühren. Die Teigmischung abgedeckt 30 Minuten bei Zimmertemperatur ruhen lassen.

Anschließend die Krabben in einem Sieb abtropfen lassen. Die Salzzitrone in schmale Streifen schneiden. Die Linsen, Krabben und Salzzitrone unter den Teig heben. Eine Pfanne erhitzen, jeweils 1 TL Olivenöl darin verteilen, den Teig portionsweise mit einem Esslöffel hineingeben und daraus von beiden Seiten kleine Pfannkuchen braun ausbacken.

Die Tortillitas zum Servieren auf einer Platte anrichten und mit etwas Salz sowie Pul biber bestreut servieren.

Tipp: Als Dip eignet sich Joghurt mit etwas Ajvar oder Tatli biber (Paprikapaste) verrührt, ebenso der Labneh-Zhug-Dip von Seite 100 oder einfach Zhug pur (siehe Seite 82).

Meeresfrüchte-Taboulé

Für 6–8 kleine Portionen
Zubereitungszeit: 30 Minuten

50 g Bulgur
200 g Kirschtomaten
1 Bund glatte Petersilie
4 Frühlingszwiebeln
Saft von 1 Zitrone
6 EL Olivenöl
Salz
frisch gemahlener Pfeffer
200 g TK-Meeresfrüchte-mischung, aufgetaut
2 Knoblauchzehen
1 unbehandelte Zitrone

Den Bulgur in einer Schüssel mit 150 ml heißem Wasser übergießen und 20 Minuten quellen lassen. Inzwischen die Kirschtomaten waschen und halbieren. Die Petersilie waschen, trocken schütteln und grob hacken. Die Frühlingszwiebeln waschen, putzen und in dünne Ringe schneiden.

Den fertig gequollenen Bulgur abgießen und mit der Petersilie, den Frühlingszwiebeln und den Tomaten in einer Schüssel vermengen. Den Salat mit dem Zitronensaft, 4 EL Olivenöl, ½ TL Salz und 2–3 Prisen Pfeffer marinieren.

Die Meeresfrüchtemischung trocken tupfen. Den Knoblauch abziehen und in Scheiben schneiden. Die Meeresfrüchte zusammen mit dem Knoblauch in 2 EL heißem Olivenöl 1–2 Minuten anbraten. Zuletzt mit Salz und Pfeffer würzen. Die Meeresfrüchte zum Salat geben und alles vermengen.

Die Zitrone heiß abwaschen, trocken reiben und in Spalten schneiden. Das Taboulé in Schalen anrichten und mit den Zitronenspalten servieren.

Gefüllte Weinblätter mit Paella

Für etwa 10 kleine Portionen
Zubereitungszeit: 40 Minuten
Garzeit: 35 Minuten

- 1 Zwiebel
- 2 Knoblauchzehen
- 1 Döschen Safranfäden (ca. 15 Safranfäden)
- 1 rote Paprikaschote
- 1 kleine Chorizo
- 4 EL Olivenöl
- 100 g Paellareis (Sorte »Arroz bomba«; ersatzweise Rundkornreis)
- 400 ml Geflügelbrühe (ersatzweise Fischfond)
- Salz
- frisch gemahlener Pfeffer
- 3 Stängel Dill
- 3 Stängel Petersilie
- 3 Stängel Minze
- 2 EL Berberitzen
- 20–25 eingelegte Weinblätter
- 1 unbehandelte Zitrone

Die Zwiebel und den Knoblauch abziehen und beides würfeln. Den Safran in einer kleinen Schale mit 2 EL warmem Wasser verrühren und beiseitestellen. Die Paprika waschen, Samen und Scheidewände entfernen und die Hälften klein würfeln. Die Chorizo ebenso würfeln. 2 EL Olivenöl in einer Pfanne erhitzen. Die Zwiebel, den Knoblauch, die Paprika und die Chorizo darin einige Minuten anbraten. Den Reis und den Safran samt Einweichwasser zugeben. 200 ml Brühe angießen, mit Salz und Pfeffer würzen und alles 10 Minuten abgedeckt garen.

Anschließend die Kräuter waschen, trocken schütteln und samt Stielen fein hacken. Die Kräuter sowie Berberitzen unter die fertig gegarte Reisfüllung mischen und die Pfanne vom Herd nehmen.

Zum Füllen die Weinblätter mit der glatten Seite nach unten auf der Arbeitsfläche auslegen, den Blattstiel abschneiden und auf das untere Drittel der Blätter 1 gehäuften TL Reisfüllung geben. Das Weinblatt von unten über die Füllung schlagen, Seiten einklappen und locker, aber kompakt aufrollen. Alle Weinblätter wie beschrieben füllen und aufrollen.

Einen Topf mit dem restlichen Olivenöl (2 EL) einfetten und die Weinblattröllchen darin dicht einschichten. Die Zitrone heiß abwaschen, trocken reiben, in Scheiben schneiden und die Röllchen damit bedecken. Die übrige Brühe angießen. Die gefüllten Weinblätter abgedeckt bei mittlerer Temperatur 20 Minuten garen. Anschließend abkühlen und durchziehen lassen.

Die Weinblätter direkt aus dem Topf oder auf einer Platte servieren.

IN CASE OF
EMERGENCY
BREAK GLASS

Paprika-Hummus mit geröstetem Serranoschinken

Für 6–8 kleine Portionen
Zubereitungszeit: 20 Minuten

FÜR DAS HUMMUS

2 Knoblauchzehen
1 Glas Kichererbsen (Abtropfgewicht ca. 260 g)
3 EL mildes Tatli biber (Paprikapaste)
2 TL Korianderpulver
Saft von 1 Zitrone
100 g Mandelmus
Salz
frisch gemahlener Pfeffer

AUSSERDEM

Olivenöl zum Beträufeln und/oder zum Rösten
8 Scheiben Serranoschinken
Fladenbrot oder Baguette zum Servieren

Für das Hummus den Knoblauch abziehen. Die Kichererbsen in einem Sieb abtropfen lassen. Den Knoblauch, die Kichererbsen, die Paprikapaste, den Koriander und den Zitronensaft im Standmixer oder mit dem Stabmixer zerkleinern. Nach und nach 100 ml kaltes Wasser zugeben und alles cremig pürieren. Das Mandelmus, ½ TL Salz sowie etwas Pfeffer hinzufügen und erneut mixen. Zuletzt das Paprika-Hummus mit Salz abschmecken.

Das Hummus in einer Schale verteilen, mit einem Teelöffel Furchen in seine Oberfläche ziehen und mit Olivenöl beträufeln. Den Serranoschinken in einer Pfanne knusprig braten, in Stücke brechen und auf dem Hummus anrichten.

Das Hummus mit Fladenbrot servieren. Alternativ Baguette in dünne Scheiben scheiden, in Olivenöl anrösten und statt dem Fladenbrot zum Paprika-Hummus reichen.

Empanadas mit Zatar, Hähnchen und Salzzitrone

Für 6–8 kleine Portionen
Zubereitungszeit: 40 Minuten plus 30 Minuten zum Ruhen
Backzeit: etwa 20 Minuten

FÜR DEN TEIG
200 g Weizenmehl Type 550 plus mehr zum Bearbeiten
200 g Maismehl
2 TL Zatar (Gewürzmischung)
80 g weiche Butter
1 Ei (Gr. M)

FÜR DIE FÜLLUNG
1 Hähnchenbrust
1 Salzzitrone
50 g Naturjoghurt
1 TL edelsüßes Paprikapulver
1 TL Kreuzkümmelpulver

FÜR DEN DIP
250 g Joghurt (3,5–10 % Fettgehalt)
2–3 TL Harissa (scharfe Gewürzpaste)

AUSSERDEM
Salz
Olivenöl
frisch gemahlener Pfeffer
2 EL Milch
1 TL Sesam- oder Schwarzkümmelsamen

Für den Teig das Weizenmehl mit dem Maismehl, 1 TL Salz und dem Zatar in einer Schüssel mischen. Die Butter, 40 ml Olivenöl, 120 ml kaltes Wasser und das Ei zugeben und alles rasch zu einem glatten Teig verkneten. Der Teig sollte schön geschmeidig sein, bei Bedarf etwas Wasser (teelöffelweise) unterkneten. Den Teig abgedeckt 30 Minuten im Kühlschrank ruhen lassen.

Für die Füllung die Hähnchenbrust klein würfeln. 2 EL Olivenöl in einer Pfanne erhitzen und das Fleisch darin krümelig braten. Die Salzzitrone klein schneiden. Zusammen mit dem Joghurt, dem Paprikapulver, dem Kreuzkümmel, etwas Salz und Pfeffer zur Hähnchenbrust geben. Alle Zutaten gründlich vermengen und abschmecken.

Den Teig auf der leicht bemehlten Arbeitsfläche 0,5 cm dick ausrollen und daraus Kreise mit 6–8 cm Durchmesser ausstechen. Je 1 TL Füllung auf jedes Stück geben, die Teigränder dünn mit Wasser einstreichen und die Kreise zu Halbmonden zusammenklappen (auch andere Formen sind leicht zuzubereiten und ergänzen eine Tapas-Tafel optisch wunderbar). Die Teigränder entweder mit den Fingern zusammendrücken oder mit einer Gabel andrücken.

Die Teigtaschen auf einem mit Backpapier ausgelegten Backblech verteilen. 2 EL Milch mit 2 EL Olivenöl verrühren. Die Oberfläche der Teiglinge mit der Öl-Milch-Mischung bestreichen und mit Sesam oder Schwarzkümmel bestreuen. Die Empanadas im auf 180 °C Ober-/Unterhitze vorgeheizten Backofen im mittleren Bereich in etwa 20 Minuten goldbraun backen.

Für den Dip den Jogurt mit Harissa glatt rühren. Die frisch gebackenen Empanadas mit dem Dip servieren.

Börek-Schnecken mit Queso fresco und Spinat

Für etwa 12 Stück
Zubereitungszeit: 45 Minuten
Backzeit: 30 Minuten

FÜR DIE FÜLLUNG

250 g TK-Spinat, aufgetaut
1 Zwiebel
2 Knoblauchzehen
2 EL Olivenöl
Salz
frisch gemahlener Pfeffer
250 g Queso fresco (weicher Schnittkäse; ersatzweise Feta oder fester Ziegenfrischkäse)

AUSSERDEM

1 Pck. Filoteigblätter (6 Blätter)
50 ml Milch
50 ml Olivenöl
1 EL Mandelblättchen
2 TL Sesamsamenn

Für die Füllung den Spinat gut ausdrücken und auf dem Schneidebrett hacken. Die Zwiebel und den Knoblauch abziehen und würfeln. Das Olivenöl in einer Pfanne erhitzen und beides darin anschwitzen. Den Spinat hinzufügen, mit Salz und Pfeffer würzen und 5 Minuten offen garen, sodass übrige Flüssigkeit verkochen kann. Den Spinat in eine flache Schale umfüllen und lauwarm abkühlen lassen. Anschließend den Queso fresco zerkrümeln und unter den Spinat mischen.

Ein Filoteigblatt der Länge nach einmal halbieren. Die Milch mit dem Olivenöl verrühren. Das Teigblatt mit etwas Milch-Öl-Mischung bestreichen und übereinanderlegen. An der unteren langen Seite entlang einen Streifen Spinatfüllung geben. Den Teig aufrollen und zu einer Schnecke zusammendrehen. Die Börek-Schnecke auf ein mit Backpapier ausgelegtes Backblech setzen. So fortfahren, bis alle Teigblätter und die Füllung aufgebraucht sind.

Die Schnecken allesamt mit der übrigen Milch-Olivenöl-Mischung bestreichen. Die Mandelblättchen leicht zerkrümeln. Die Schnecken damit sowie mit dem Sesam bestreuen und im auf 180 °C Ober-/Unterhitze vorgeheizten Backofen im mittleren Bereich etwa 30 Minuten backen.

Danach die Schnecken lauwarm abkühlen lassen. Zum Anrichten halbieren oder vierteln und dann servieren.

Queso fresco selber machen

1 l Milch zum Kochen bringen, 3 EL Weißweinessig zugeben, bei niedriger Temperatut unter Rühren flocken lassen. Die geronnene Mischung in ein mit einem sauberen Baumwolltuch ausgelegtes Sieb abgießen und gut abtropfen lassen. Gründlich auspressen und abkühlen lassen. Mit dem Tuch in eine Form geben. Den Stoff glatt ziehen und den Käse pressen. Über Nacht im Kühlschrank durchziehen lassen. Anschließend kann der Queso verwendet werden.

Knoblauch-Orangen-Hähnchen

Für 6–8 kleine Portionen
Zubereitungszeit: 20 Minuten plus über Nacht zum Durchziehen
Garzeit: 45 Minuten

6 EL Olivenöl
5 entbeinte Hähnchenschenkel (Pollo fino)
Salz
frisch gemahlener Pfeffer
2 unbehandelte Orangen
10 Knoblauchzehen
3 Lorbeerblätter
5 Zweige Thymian
Baguette zum Servieren

Den Backofen auf 200 °C Ober-/Unterhitze vorheizen. Eine ofenfeste Pfanne mit Olivenöl einfetten.

Die ausgelösten Hähnchenschenkel in größere Stücke teilen und mit Salz sowie Pfeffer würzen. Die Orangen heiß abwaschen, trocken reiben und samt Schale in Stücke schneiden. Den Knoblauch abziehen. Die Orangen, den Knoblauch und die Lorbeerblätter zum Hähnchen geben und einen Schuss Wasser angießen. Den Thymian abbrausen, trocken tupfen und über das Fleisch zupfen.

Das Hähnchen im vorgeheizten Backofen im mittleren Bereich 45 Minuten garen. Anschließend abkühlen lassen und über Nacht zum Durchziehen in den Kühlschrank stellen.

Zum Servieren lauwarm erwärmen und in Schalen anrichten. Baguette dazureichen.

Kibbeh fusion

Bulgur-Hackfleisch-Klößchen mit spanischen Aromen

Für etwa 15 kleine Portionen
Zubereitungszeit: 30 Minuten plus 30 Minuten zum Quellen
Garzeit: 20 Minuten

- 175 g feiner Bulgur (im türkischen Supermarkt oder online erhältlich)
- 2 TL edelsüßes Paprikapulver
- 1 TL Pimentón (geräuchertes Paprikapulver)
- 1 TL Kreuzkümmelpulver
- 2 Zweige Rosmarin
- 1 Zwiebel
- 1 Knoblauchzehe
- 2 EL Olivenöl
- 300 g Rinderhackfleisch
- Salz
- frisch gemahlener Pfeffer
- 2 TL Tomatenmark
- 50 g Manchego (Käse)
- ca. 1 l neutrales Pflanzenöl
- 1 unbehandelte Zitrone

Den Bulgur mit dem Paprikapulver, Pimentón und Kreuzkümmel in einer Schüssel mit 350 ml warmem Wasser übergießen und für 30 Minuten zum Quellen beiseitestellen.

Inzwischen den Rosmarin waschen, trocken tupfen, die Nadeln abstreifen und hacken. Die Zwiebel und den Knoblauch abziehen und würfeln. Das Olivenöl in einer Pfanne erhitzen und 120 g Hackfleisch darin krümelig braten. Zwiebel, Knoblauch, Rosmarin, 1 TL Salz, 2–3 Prisen Pfeffer und das Tomatenmark zugeben. Alles vermengen und offen unter Rühren 5 Minuten garen. Anschließend lauwarm abkühlen lassen. Zuletzt den Manchego dazureiben und untermischen.

Das übrige Hackfleisch (180 g) zum Bulgur geben und mit dem Stabmixer zu einer glatten Masse verarbeiten. Sie sollte gut formbar sein, ggf. etwas Wasser hinzufügen. Mit leicht angefeuchteten Händen aus der Masse Bällchen formen. Jedes Bällchen in der Mitte aufdrücken, etwas Hackfleisch-Manchego-Mischung hineingeben und wieder verschließen. Dann in den Händen zu länglichen, an den Enden spitz zulaufenden Klößchen formen.

Das Pflanzenöl in einem Topf auf 160–170 °C erhitzen. Die Klößchen darin in 4–5 Minuten goldbraun und knusprig ausbacken.

Danach die Klößchen auf Küchenpapier abtropfen lassen. Die Zitrone heiß abwaschen, trocken reiben und in Spalten schneiden. Zum Servieren die Kibbeh auf einer Platte anrichten und die Zitronenspalten dazureichen.

Baklava mit Lammhackfleisch und Pistazien

Für etwa 20 Stück
Zubereitungszeit: 40 Minuten
Backzeit: 30–35 Minuten

2 Zwiebeln
2 Knoblauchzehen
3 Karotten
100 ml Olivenöl
300 g Lammhackfleisch
Salz
frisch gemahlener Pfeffer
2 TL Pimentón (geräuchertes Paprikapulver)
75 g entsteite grüne Oliven
50 g Pistazienkerne
50 g Mandelkerne
6–8 getrocknete Aprikosen
100 ml Milch
1 Pck. Filoteigblätter (ca. 7 Teigblätter)
3 EL flüssiger Honig
3 EL Sherry
2 TL Sesamsamen

Die Zwiebeln und den Knoblauch abziehen und würfeln. Die Karotten waschen, schälen und raspeln. 2 EL Olivenöl in einer Pfanne erhitzen und das Lammhackfleisch darin krümelig braten. Zwiebeln, Knoblauch und Karotten zugeben und alles 5 Minuten zusammen weitergaren. Dann mit 1 TL Salz, 1–2 Prisen Pfeffer und dem Paprikapulver würzen. Die Pfanne beiseitestellen. Die Oliven hacken. Die Pistazien und die Mandeln ebenfalls hacken. Die Aprikosen klein schneiden. Die Hackfleischmischung mit Oliven, den Pistazien, Mandeln und Aprikosen mischen.

Den Backofen auf 180 °C Ober-/Unterhitze vorheizen. Eine eckige Backform (Größe: etwas kleiner als die Filoteigblätter) mit Backpapier auslegen. Das übrige Olivenöl (etwa 80 ml) mit der Milch verrühren. Ein Teigblatt mit der Olivenöl-Milch-Mischung einstreichen und in die Form legen, die Ränder nach außen über den Rand klappen. Ein weiteres bestrichenes Teigblatt passend in die Form legen, dabei entstehen die typischen Baklava-Falten. Dann ein Drittel der Hackfleischmasse darauf verteilen. Die Schicht mit zwei weiteren bestrichenen Filoteigblättern bedecken. Das zweite Drittel der Hackfleischmasse darüber verteilen und mit zwei weiteren bestrichenen Teigblättern abdecken. Die übrige Hackfleischmasse darauf verteilen und mit dem letzten Teigblatt bedecken. Die übrige Olivenöl-Milch-Mischung auf die Oberfläche träufeln und verstreichen. Das Baklava im vorgeheizten Backofen im mittleren Bereich 30–35 Minuten backen.

Inzwischen den Honig mit dem Sherry in einem Topf verrühren und sämig einkochen. Das fertig gebackene Baklava mit der Mischung übergießen, Sesam darüberstreuen und alles abkühlen lassen. Zum Servieren in kleine Stücke schneiden.

Tipp: Die Verpackungseinheiten bei Filoteig sind sehr unterschiedlich. Übrige Teigblätter können anderweitig gefüllt werden, etwa wie die Börek-Schnecken von Seite 130 oder die Börek-Teigröllchen von Seite 78. Die Teigblätter lassen sich auch gut einfrieren.

Süßes

Torrijas
Armer Ritter

Für 6–8 kleine Portionen
Zubereitungszeit: 20 Minuten
Garzeit: 15 Minuten

FÜR DIE TORRIJAS
1 altbackenes Milchbrot oder altbackener Hefezopf (2–3 Tage alt)
½ Vanilleschote
ca. 150 ml Milch
ca. 3 Eier
75 g Butter

AUSSERDEM
9 EL Zucker
2 ½ TL Zimtpulver
1 TL Anissamen
2 grüne Kardamomkapseln
2 EL gemahlene Pistazienkerne

Für die Torrijas eine Pfanne bereitstellen. Das Brot in dickere Scheiben schneiden. Die Vanilleschote längs aufschneiden und das Mark auskratzen. Das Vanillemark mit der Milch verrühren. Die Eier in einer zweiten Schale verquirlen. Dann zunächst so viele Brotscheiben, wie in die verwendete Pfanne passen, in der Vanillemilch von jeder Seite etwa 30 Sekunden einweichen.

Inzwischen die Pfanne erhitzen und 1 EL Butter darin schmelzen. Die Brotscheiben in den Eiern wenden und in der heißen Butter von beiden Seiten bei mittlerer Temperatur goldbraun und knusprig braten. Anschließend auf einem Kuchengitter beiseitelegen. Mit den übrigen Scheiben fortfahren und wie beschrieben braten. Je nachdem, wie trocken das Brot ist, braucht man unterschiedlich viel Milch und Eier. Bei Bedarf mehr verwenden.

Zum Anrichten für die spanische Variante 5 EL Zucker und 2 TL Zimt vermischen. Die Torrijas in dem Zimtzucker wenden und servieren.

Zum Anrichten für die orientalische Variante den Anis und Kardamom im Mörser zerstoßen. Beides mit 4 EL Zucker, ½ TL Zimt und den Pistazien mischen. Die Torrijas darin wenden und servieren.

Eine weitere, diesmal süße Variante, altbackene Brot zu verwerten. Spanisch oder orientalisch, hier punkten die Gewürze aus beiden Regionen.

Arroz con leche
Milchreis

Für 6–8 kleine Portionen
Zubereitungszeit: 10 Minuten
Garzeit: 1 Stunde

FÜR DEN ARROZ CON LECHE
1 unbehandelte Zitrone
1 unbehandelte Orange
½ Vanilleschote
2 l Milch
Salz
3 EL Zucker plus mehr zum Anrichten
150 g Milchreis

AUSSERDEM
Zimtpulver zum Anrichten
Arak zum Anrichten
getrocknete essbare Rosenblütenblätter zum Anrichten

Für den Arroz con leche die Zitrone und Orange heiß abwaschen, trocken reiben und die Schale mit dem Sparschäler abziehen. Die Vanilleschote längs aufschneiden. Die Milch mit den Zitrusschalen, 2 Prisen Salz, der aufgeschnittenen Vanilleschote und dem Zucker zum Kochen bringen. Den Milchreis einrühren und alles bei niedriger Temperatur unter gelegentlichem Rühren leise 1 Stunde köcheln lassen.

Anschließend die Schalen und die Schotenreste aus der Milchreiscreme nehmen. Die Creme in Gläser füllen und erkalten lassen.

Zum Anrichten für die klassisch spanische Variante Zimt und Zucker vermischen. Den Arroz con leche mit Zimtzucker bestreut servieren.

Zum Anrichten für eine Variante mit orientalischen Aromen etwas Arak über die Reiscreme träufeln. Den Arroz con leche mit getrockneten Rosenblütenblättern bestreut servieren.

Churros mit Sesam-Honig

Für 6–8 kleine Portionen
Zubereitungszeit: 30 Minuten
Garzeit: 15 Minuten

FÜR DEN BRANDTEIG
75 g Butter
Salz
300 g Weizenmehl Type 405
3 Eier

AUSSERDEM
Spritzbeutel mit Sterntülle
1 l neutrales Pflanzenöl zum Frittieren
100 ml flüssiger Akazienhonig
2 TL gerösteter Sesam

Für den Brandteig die Butter mit 450 ml Wasser und 2 Prisen Salz in einem Topf aufkochen. Das Mehl einstreuen und glatt rühren. Die Masse unter Rühren einige Minuten abbrennen, bis sich am Topfboden ein weißer Belag bildet. Den Topf vom Herd nehmen und die Masse etwa 5 Minuten stehen lassen. Dann die Eier einzeln mit einem Holzlöffel oder den Schneebesen des Handrührers jeweils 1 Minute unterrühren. Die Masse sollte schön glänzend sein. Zuletzt den Brandteig in einen Spritzbeutel mit Sterntülle füllen.

Zum Frittieren das Pflanzenöl in einem Topf auf etwa 160–170 °C erhitzen. Den Brandteig in das heiße Fett spritzen, dabei nach jeweils 10 cm mit einem Messer abschneiden. Den Teig in 1–2 Minuten goldbraun und knusprig zu Churros ausbacken. Anschließend die Churros auf Küchenpapier abtropfen lassen.

Den Honig mit dem Sesam in ein Schälchen füllen und verrühren. Die heißen Churros mit der Sauce servieren.

Tipp: Zu den Churros klassisch wie in Spanien heiße Schokolade reichen. Dafür 200 g süße Sahne in einem Topf erhitzen, 80 g gehackte Zartbitterschokolade darin schmelzen und 1 EL Backkakao unterrühren. Die heiße Schokolade mit den Churros servieren.

Flan mit Granatapfelkaramell

Für etwa 8 Portionen
Zubereitungszeit: 30 Minuten plus über Nacht zum Durchziehen
Garzeit: 30 Minuten

FÜR DEN GRANATAPFEL-KARAMELL

100 g Zucker
5 EL Granatapfelsirup

FÜR DEN FLAN

3 Kardamomkapseln
500 ml Milch
4 Eier
Salz
70 g Zucker

Den Backofen auf 120 °C Ober-/Unterhitze vorheizen. Ein tiefes Backblech mit einem Küchentuch auslegen und acht Förmchen daraufstellen.

Für den Granatapfelkaramell den Zucker mit 3 EL Wasser in einem Topf zum Kochen bringen. Die Mischung so lange kochen, bis der Zucker goldbraun karamellisiert ist. Dann den Topf vom Herd nehmen und den Granatapfelsirup zugeben. Die Mischung in die Förmchen füllen und zum Festwerden beiseitestellen.

Für den Flan die Kardamomkapseln aufbrechen. Mit der Milch aufkochen und die Mischung 15 Minuten ziehen lassen. Anschließend erneut aufkochen. Im Wasserkocher oder in einem Topf etwa 1 l Wasser (für das spätere Wasserbad) zum Kochen bringen. Die Eier mit 1 Prise Salz und dem Zucker verrühren. Die heiße Kardamommilch durch ein Sieb zu den Eiern gießen, zügig unterrühren und die Milchcreme durch ein Sieb abseihen. Dann in den Förmchen auf dem festgewordenen Karamell verteilen und das Backblech im unteren Drittel in den Backofen schieben. Das kochende Wasser in das Backblech angießen und die Creme im vorgeheizten Backofen 30 Minuten in dem Wasserbad garen. Sie ist fertig, wenn die Oberfläche leicht wackelt, aber nicht mehr flüssig ist.

Danach die Förmchen zum Abkühlen auf ein Brett stellen. Anschließend den Flan abgedeckt über Nacht im Kühlschrank durchziehen lassen. So wird das Karamell wieder flüssig.

Zum Servieren den Flan in den Förmchen reichen.

Tipp: Je nachdem, welches Fassungsvermögen die Förmchen haben, können auch mehr oder weniger Förmchen gefüllt werden. Um das besser abzuschätzen, kann das Volumen mit Wasser abgemessen werden.

APEROL
דרושים
טבחים
מלצרים
מנהלים

לוינסקי
30

Crema catalana

Spanische Crème brûlée

Für 8 Portionen
Zubereitungszeit: 30 Minuten plus 4–6 Stunden (oder über Nacht) zum Erkalten

FÜR DIE CREMA CATALANA

1 unbehandelte Zitrone
600 ml Milch
1 Msp. Zimtpulver
4 Eigelb
50 g Zucker
35 g Speisestärke

AUSSERDEM

8–16 TL brauner Zucker
Bunsenbrenner

Für die Crema catalana die Zitrone heiß abwaschen, trocken reiben und die Schale fein abreiben. 500 ml Milch mit dem Zitronenabrieb und dem Zimt aufkochen. Dann 15 Minuten lauwarm abkühlen lassen.

Anschließend das Eigelb mit dem Zucker, der Speisestärke und der restlichen Milch (100 ml) in einem Topf glatt verrühren, dabei nicht schaumig schlagen. Dann die Milch-Zitrone-Zimt-Mischung erneut zum Kochen bringen, die angerührte Stärke-Eigelb-Masse zugeben und zügig unterrühren. Die Creme unter Rühren aufkochen und in acht feuerfeste Förmchen füllen. Zunächst bei Zimmertemperatur abkühlen lassen. Zuletzt abdecken und im Kühlschrank mindestens 4 Stunden bzw. 4–6 Stunden (oder über Nacht) erkalten lassen.

Kurz vor dem Servieren jedes Förmchen mit je 1–2 TL braunem Zucker bestreuen und die Creme mit einem Bunsenbrenner abflämmen.

Tipp: Für eine orientalische Variante die Eigelb-Stärke-Masse zusätzlich mit 3 TL Carob verrühren und die Creme wie beschrieben zubereiten. Carob sind die gerösteten und fein gemahlenen Früchte des Johannisbrotbaums, das Fruchtmark erinnert an das Aroma von Kakao.

Spanische Mandelkuchenblüten

Für 20 Stück
Zubereitungszeit: 30 Minuten
Backzeit: etwa 15 Minuten

FÜR DIE MANDELFÜLLUNG

1 unbehandelte Orange
50 g Puderzucker plus mehr zum Anrichten
2 Eier
Salz
75 g blanchierte, fein gemahlene Mandelkerne

AUSSERDEM

75 g Butter
4 Filoteigblätter
50 g Zucker
1 EL gehackte Pistazienkerne
24er-Mini-Muffinform

Den Backofen auf 170 °C Ober-/Unterhitze vorheizen. Die Butter in einem kleinen Topf schmelzen. Die Mulden des Muffinblechs mit etwas Butter einfetten. Je zwei Filoteigblätter mit Butter bestreichen, übereinanderlegen und in 20 Quadrate schneiden. Jeweils zwei Teigquadrate um 90 Grad versetzt zu einer Blütenform übereinanderlegen und in die Muffinmulden setzen. Behutsam andrücken. Mit den übrigen beiden Teigblättern ebenso verfahren und insgesamt 20 Mulden auslegen.

Für die Mandelfüllung die Orange heiß abwaschen und trocken reiben. Zwei breite Schalenstreifen mit dem Sparschäler abschneiden und beiseitelegen. Die übrige Schale fein abreiben. Den Puderzucker mit dem feinen Orangenabrieb in einer Schüssel mischen. Die Eier trennen und das Eiweiß mit 1 Prise Salz steif schlagen. Das Eigelb mit dem Orangenpuderzucker in 10 Minuten dickschaumig aufschlagen. Dann die Mandeln und den Eischnee unterheben. Die Masse in die Filoteigblüten füllen und die Mandelküchlein im vorgeheizten Backofen im mittleren Bereich etwa 15 Minuten backen.

Anschließend die beiseitegelegten Orangenschalen in dünne Streifen schneiden. Den Saft der Orange auspressen und mit dem Zucker und den Orangenzesten zu Sirup kochen.

Die fertig gebackenen Küchlein mit dem Orangensirup, dem Puderzucker und den Pistazien anrichten. Die Mandelkuchenblüten auf einer Platte verteilen und servieren.

Trufas mit Rosenblättern und Pistazien

Für etwa 25 Stück
Zubereitungszeit: 20 Minuten plus 3–4 Stunden zum Abkühlen und Festwerden

300 g Zartbitterschokolade
100 g süße Sahne
2 EL getrocknete essbare Rosenblütenblätter
2 EL Puderzucker
50 g fein gehackte Pistazienkerne
2 EL Kakaopulver

Die Zartbitterschokolade hacken. Die Sahne in einem Topf erhitzen, den Topf vom Herd nehmen und die Schokolade zugeben. Die Mischung für 5 Minuten beiseitestellen. Dann mit dem Schneebesen glatt rühren. Die Masse abkühlen lassen und abgedeckt zum Festwerden kühl stellen, das dauert insgesamt 3–4 Stunden.

Anschließend aus der Masse kleine Bällchen formen.

Die Rosenblütenblätter etwas zerbröseln und mit dem Puderzucker im Mörser zerreiben. Die Bällchen im Rosenblütenzucker, in Pistazien und Kakao wenden. Die Trufas auf einer Platte anrichten und servieren.

Persische Paella

Für 10 kleine Portionen
Zubereitungszeit: 20 Minuten
Garzeit: 25 Minuten

- 2 Döschen Safranfäden (à ca. 15 Fäden)
- 250 g Paellareis (Sorte »Arroz bomba«; ersatzweise Risottoreis)
- ½ TL Anissamen
- ½ TL Koriandersamen
- 1 EL Butter
- 250 ml Apfelsaft
- 4 entsteinte Datteln
- 2 Äpfel
- 50 g Mandelkerne
- 2 TL Sesamsamen
- 2 EL Zucker
- ½ unbehandelte Orange
- 2 Stängel Minze
- Kerne von ½ Granatapfel

Den Safran in einer kleinen Schale in 2 EL warmem Wasser einweichen. Den Reis in einem Sieb waschen und abtropfen lassen. Die Anissamen und den Koriander im Mörser zerstoßen. Die Butter in einer breiten Pfanne erhitzen und die Gewürze darin erwärmen. Dann den Reis zugeben und 1–2 Minuten anschwitzen. Danach die Mischung mit Apfelsaft und 250 ml Wasser aufgießen. Die Datteln in Scheiben schneiden. Die Äpfel waschen, schälen, das Kerngehäuse entfernen und das Fruchtfleisch würfeln. Die Datteln und Apfelstücke auf der Reismischung verteilen. Alles abgedeckt bei mittlerer Temperatur 25 Minuten garen. Anschließend 10 Minuten abgedeckt ruhen lassen.

Die Mandeln klein hacken und mit dem Sesam in einer Pfanne anrösten. Den Zucker darüberstreuen und karamellisieren. Die Masse auf einem Bogen Backpapier abkühlen lassen. Dann den Krokant in kleine Stücke brechen. Die Orange heiß abwaschen, trocken reiben, zwei breite Schalenstreifen abziehen und diese in dünne Streifen schneiden. Die Minze waschen, trocken tupfen und die Blätter abzupfen.

Die süße Paella entweder in einer großen Form anrichten oder auf kleine Förmchen verteilen. Den Mandel-Sesam-Krokant, die dünnen Orangenschalenstreifen, die Minze und die Granatapfelkerne darüberstreuen und die Paella servieren.

Ein spanischer Klassiker kommt hier süß daher und mit der ganzen Aromenvielfalt des Orients.

Für die freundliche Unterstützung unseres Fotoshootings mit passendem Geschirr danken wir **onomao** ganz herzlich!

https://onomao.com/

ONOMAO

»onomao ist die Idee, schöne Produkte aus traditionellem Handwerk mit modernem Design zu verbinden. Nachhaltigkeit und fairer Handel sind für uns dabei Grundvoraussetzung.

Durch unsere enge Verwurzelung zu Portugal machten wir uns im Sommer 2018 auf die Suche nach portugiesischen Manufakturen, mit denen wir eine Zusammenarbeit auf Augenhöhe beginnen konnten.«

Rezeptregister

Über die Autorin

Susann Kreihe entwickelt seit vielen Jahren mit Leidenschaft kreative und passgenaue Rezepte. Ihre Kreationen erscheinen regelmäßig in Kochbüchern und Zeitschriften verschiedener Verlage. Neben der Arbeit als Rezeptautorin ist die gelernte Köchin und Betriebswirtin für Hotellerie und Gastronomie auch als Ghostwriterin für bekannte Spitzenköche tätig.

Auf www.gerichte-werkstatt.de schreibt sie über die schönen Seiten des Lebens – Kochen und Genießen.

Für »Tapas meet Mezze« übernahm sie auch Foodstyling und -fotografie und beweist damit erneut ihre Kreativität und Vielfältigkeit.

Impressum

Produktmanagement: Stefanie Gückstock
Redaktion: Constanze Lüdicke
Korrektorat: Franziska Sorgenfrei
Layout: Marcus Taeschner
Umschlaggestaltung: Regina Degenkolbe
Repro: LUDWIG:media
Herstellung: Julia Hegele
Printed in China by C&C Offset Printing
Texte und Rezepte: Susann Kreihe
Fotografie: siehe Bildnachweis

Unser komplettes Programm finden Sie unter
www.christian-verlag.de

★★★★★

Sind Sie mit diesem Titel zufrieden? Dann würden wir uns über Ihre Weiterempfehlung freuen. Erzählen Sie es im Freundeskreis, berichten Sie Ihrem Buchhändler, oder bewerten Sie bei Onlinekauf. Und wenn Sie Kritik, Korrekturen, Aktualisierungen haben, freuen wir uns über Ihre Nachricht an

Christian Verlag, Postfach 40 02 09,
D-80702 München oder per E-Mail an
lektorat@verlagshaus.de

In diesem Buch wird aus Gründen der besseren Lesbarkeit das generische Maskulinum verwendet. Weibliche und anderweitige Geschlechteridentitäten werden dabei ausdrücklich mitgemeint, soweit es für die Aussage erforderlich ist.

Die Deutsche Nationalbibliothek verzeichnet diese Publikation in der Deutschen Nationalbibliografie; detaillierte bibliografische Daten sind im Internet über http://dnb.d-nb.de abrufbar.

2. Auflage © 2025, 2023 Christian Verlag GmbH
Infanteriestraße 11a, 80797 München

ISBN 978-3-95961-781-9

Bildnachweis: Alle Bilder des Innenteils und auf dem Umschlag stammen von **Susann Kreihe** mit Ausnahme von S. 4: unsplash/Marita Mones; S. 6: unsplash/Stephanie McCabe; S. 14: unsplash/Zeynep Açıktepe; S. 15, S. 124, S. 125: unsplash/Christelle Hayek; S. 17/18, S. 80/81: unsplash/Raimond Klavins; S. 26: unsplash/Stéphan Valentin; S. 27: unsplash/Eddie Carolina Stigson; S. 36: unsplash/Veronika Hradilová; S. 37: unsplash/Slow Ibiza; S. 46/47: unsplash/Christina Chauskin; S. 64: unsplash/ Nina F.; S. 65: unsplash/Shlomi Platzman; S. 74: unsplash/John Cameron; S. 75: unsplash/Reiseuhu.de; S. 94: unsplash/Simon Goetz; S. 95: unsplash/Dario Ciraulo; S. 106/107: unsplash/Claudette Bleijenberg; S. 136/137: unsplash/Mpho Hlakudi; S. 146/147: shutterstock/Boris-B; S. 156: shutterstock/Kevin Hellon; S. 154/155: onomao; S. 158: Melissa Engel.
S. 29: Estol & Manau (Carme Ruscalleda)
S. 59: Nuriel Molcho (Haya Molcho)
S. 87 oben links: privat (Yossi Elad)
S. 87 unten rechts: Steve Herud (Yossi Elad)
S. 112: Lara-Morgaine Böttcher (Rafik Halabi)